U1009502

政府补贴的创新绩效研究

吕晓军 著

WUHAN UNIVERSITY PRESS
武汉大学出版社

图书在版编目(CIP)数据

政府补贴的创新绩效研究/吕晓军著.—武汉：武汉大学出版社，2018.1

ISBN 978-7-307-19941-5

Ⅰ.政…　Ⅱ.吕…　Ⅲ.企业管理—技术革新—政府补贴—研究—中国　Ⅳ.F279.23

中国版本图书馆 CIP 数据核字(2017)第 326194 号

责任编辑:任仕元　　责任校对:汪欣怡　　版式设计:马　佳

出版发行：**武汉大学出版社**　(430072　武昌　珞珈山)

(电子邮件：cbs22@whu.edu.cn　网址：www.wdp.com.cn)

印刷：虎彩印艺股份有限公司

开本:720×1000　1/16　印张:11.75　字数:162 千字　插页:1

版次:2018 年 1 月第 1 版　　2018 年 1 月第 1 次印刷

ISBN 978-7-307-19941-5　　定价:35.00 元

版权所有，不得翻印；凡购我社的图书，如有质量问题，请与当地图书销售部门联系调换。

前　　言

本书稿完成于 2015 年 6 月，当时并没有打算出版，只是作为本人的博士论文而完成。然而，近几年对于如何提升企业技术创新能力、如何利用补贴政策等手段来提升企业技术创新能力等议题，引起了政府和学术界的广泛关注。因此，便萌生了出版此书的念头，希望能够为更多的读者提供参考。基于此，与武汉大学出版社联系确定出版此书。新的数据并不一定代表新的观点，为保留本书的原貌，本次出版时对原书稿提出的观点和所利用到的数据均不做修改。

本书基于战略性新兴产业的微观数据研究了政府补贴与企业技术创新之间的关系，澄清了政府补贴对企业技术创新的杠杆作用，将宏观制度环境、中观市场结构及微观公司治理纳入同一框架下研究政府补贴与企业技术创新之间的关系，构建研究政府补贴如何促进企业技术创新的理论框架，较全面地反映了影响政府补贴发挥企业技术创新促进作用的关键性因素。在已有文献的基础之上，本书至少在以下三方面具有一定的贡献：

第一，本书构建了政府补贴促进企业技术创新的理论分析框架，并对此进行实证研究，从而在理论上深化了政府补贴政策对于企业技术创新的理论机理。补贴政策是政府促进企业技术创新的重要手段，对于补贴政策的研究一直是学术界关注的焦点。随着我国政府补贴手段的频繁使用，国内对补贴政策的研究也随之兴起。然而，梳理以往的研究，发现国内外的学者主要从企业规模、市场需求、企业研发投入的类型、行业特征、政策效果的时间滞后等方面来研究影响政府补贴发挥杠杆作用的机理，研究政府补贴如何促进企业技术创新的理论框架尚未形成。目前处于经济转型中的中国，各地区的制度环境和各产业的发展基础差异较大，公司治理也存在着较大的不同，这就要求我们从更加全面的角度来探究政府补贴发挥作用的理论机理。本书从宏观制度环境、中观市场结构以及微观的公司治理三个层面来构建研究政府补贴的分析框架，并进行了实证检验，深化了补贴政策对企业技术创新的理论机理的研究，丰富了对于补贴政策的研究文献。

第二，较全面地反映了影响政府补贴发挥企业技术创新促进作用的关键性因素。市场失灵的理论虽然为政府的政策干预提供了理论基础，但是现有的理论并没有为政府如何进行干预和创新支持提供有关的参考和依据。我们验证了市场化进程、产品市场竞争、股权集中度分别对补贴政策效果的影响，为政策制定者制定补贴政策提供了一个包含宏观环境、产业层面和微观层面的可操作性指南，对于补贴政策的制定提供了参考。

第三，将熊彼特著名的创新假说拓展到补贴政策领域，以澄清政府资助具有垄断势力企业的理论基础与合理性。熊彼特认为垄断与技术创新有着密切的联系，市场集中度越高越有助于激励企业技术创新，但其创新假说并未涉及市场集中度如何影响补贴政策发挥激励技术创新的杠杆作用。本书基于战略性新兴产业的微观企业样本检验了市场集中度对于政府补贴发挥杠杆作用的机理，认为随着产业集中度的提高，产品市场的竞争程度也将随之减弱，但由企业技术创新所产生风险的可控程度却在加强，随之企业技术创新的动力和意愿也将增强，政府补贴会强化这种动机和意愿，从而推动企业的技术创新。以此澄清政府资助具有垄断势力企业的理论基础与合理性，同时为补贴政策的制定提供理论方面的支持。

本书分为五大部分。

第一部分为第一章。这是本书研究内容的基础部分，主要阐述选题现实及理论背景、解决的关键问题、研究目标及意义、国内外的研究现状和主要研究内容等，总结出了研究方法及本书的主要创新点。通过选题背景的阐述，提出本书所要研究的主要问题和研究意义。对选题所涉及领域的文献进行梳理，分析该领域的研究动态、水平和发展前景等，并界定了本书所涉及概念的基本涵义，从而确立了本书研究的内容。归纳和整理本书的研究方法和创新点，说明研究方法在文中的应用及创新之处。

第二部分为第二章。这一部分是本书研究理论基础的介绍和分析。梳理本书采用的相关理论——制度变迁理论、公司治理理论、创新理论和产业生命周期理论的观点及演变过程，为本书的研究做好理论准备。

第三部分为第三章。这一部分主要介绍战略性新兴产业的补贴政策及技术创新发展现状。介绍目前我国战略性新兴产业的重点发展方向，梳理战略性新兴产业在国家层面和主要地区层面的补贴政策，并根据我国战略性新兴产业技术创新的发展水平，总结出目前的特点。

第四部分为本书研究的核心部分，包括第四、五、六章。该实证研究部分将宏观制度环境、中观市场结构及微观的公司治理纳入同一框架下分别研究政府补贴对企业技术创新投入、产出和效率的影响，找出政府补贴促进企业技术创新的作用机理。

第五部分为本书的总结部分，包括第七、八章。根据以上的研究结论，得到政府补贴促进企业技术创新的政策建议、本书的研究不足之处以及下一步的研究方向。

目　录

第一章　导　　论

席卷全球的国际金融危机导致世界经济力量失衡，促使世界经济格局面临大调整、大变革。为了应对金融危机给世界经济带来的巨大创伤，各个国家纷纷采用了力度空前、形式多样的刺激手段，并试图通过抢占科技制高点作为推动经济增长的重要通道。新一轮的科技革命业已爆发，抢占新一轮科技经济竞争的制高点，必须加大对关键性领域的投入特别是科技创新的投入。

金融危机给我国也带来了巨大冲击，同时也暴露出我国产业结构失衡问题较为突出，而解决这些问题必须依靠产业结构的优化和转型升级。2010 年 10 月 18 日国务院发布了《关于加快培育和发展战略性新兴产业的决定》，确定七大产业作为战略性新兴产业进行重点培育和扶持。七大产业主要包括新一代信息技术、生物、高端装备制造、新能源、新能源汽车、节能环保、新材料。“十二五”规划也明确指出培育支柱产业必须依靠七大战略性新兴产业的发展。我国产业核心竞争力的提高，产业结构的转型升级和优化，也必须发展战略性新兴产业。战略性新兴产业是以重大技术突破和重大发展需求为基础，对经济社会全局和长远发展具有重大引领带动作用，知识技术密集、物质资源消耗少、成长潜力大、综合效益好的产业。战略性新兴产业是新一轮科技革命的客观要求，也是产业结构调整以及实现经济发展方式转变的必然选择。技术创新成为战略性新兴产业发展的关键，政府补贴是引导企业技术创新的必要手段。但目前我国政府补贴的杠杆作用发挥得不够，战略性新兴产业的技术创新水平仍然较低。如何发挥政府补贴激励技术创新，促进战略性新兴产业的发展，已成为必须要研究的重要课题。因此，本书研究政府补贴对企业技术创新的影响，并考察在不同市场化进程的地区、不同产品市场竞争的行业以及不同股权集中度的企业，政府补贴发挥促进企业技术创新杠杆作用的理论机理。本章就研究命题的选题背景和研究意义进行阐述，对国内外相关研究进行梳理，通过对已有研究的评述，定位本书的研究目标、研究内容及研究方法。

第一节 选题背景及意义

一、选题背景

各国政府普遍采用政府补贴政策纠正“市场失灵”，政府补贴成为引导企业技术创新的必要手段。中国政府为了促进企业技术创新，培育和发展战略性新兴产业，先后出台了一系列财政和金融政策，政府补贴已成为推动我国战略性新兴产业发展的重要动力。然而，在政府补贴规模不断放大的同时，我国战略性新兴产业的技术创新水平仍然较低，甚至一些地区和行业还出现了低水平的重复建设、产能过剩等问题。因此，仅依靠加大政府补贴资金的投入来促进战略性新兴产业的技术创新是行不通的，必须有效地发挥政府补贴资金的引导作用。政府补贴如何有效地发挥杠杆作用，引导企业技术创新成为重点关注的内容。通过对以往文献的梳理和归纳发现，政府补贴的效果仍然没有形成一致的观点。另外，国内外的学者主要从公司治理、企业规模、市场需求、企业研发投入的类型、行业特征、政策效果的时间滞后等方面来研究影响政府补贴发挥杠杆作用的理论机理，分析政府补贴如何促进企业技术创新的理论框架依然缺失。此外，各地区由于资源禀赋、经济状况、市场基础和创新能力等基础不同，战略性新兴产业的发展存在较大的区域性差异。还有，由于我国各产业的产业基础存在较大的差异，造成了各产业间发展极不平衡。另外，从党的十四届三中全会提出建立现代企业制度、完善法人治理结构以来，由于发展阶段和历史等原因，各企业的公司治理的水平存在较大不同。因此，研究政府补贴如何促进企业技术创新时也必须要考虑其差异性。

（一）现实背景

现代经济增长理论表明，技术进步和知识积累是决定经济增长的重要因素（Romer，1990），而技术的进步必然来源于技术创新，技术创新的重要手段便是研究与开发活动。研究与开发活动必须依靠企业，发挥企业的创新主体地位，依靠市场力量来完成。然而，在依靠市场力量来推动企业技术创新的过程中，出现了信息不对称、个人理性与集体理性产生矛盾以及公共产品外部性等问题，造成了“市场失灵”，此时政府必须伸出“扶持之手”干预市场，优化市场资源的配置。纠正“市场失灵”，引导企业技术创新，政府补贴成为各个国家采用的最为普遍的手段。对于处于转型升级的我国来说，由于市场经济还不成熟，产权保护制度还不健全，技术创新的体系仍然有待完善，单纯依靠市场的自发力量很难起到引导企业技术创新的作用。因此，利用政府补贴的手段来引导企业技术创新十分必要。政府补贴政策多以直接增加收益的方式提高企业技术创新投入的回报率，实现企业私人收益与社会总收益的相等，纠正企业技术创新投入的“市场失灵”。政府补贴可以激励企业开展创新活动，引导产业技术的发展方向，进而实现产业结构的调整目标。

我国政府历来重视科技对经济的促进作用，党的十七大提出建设创新型国家，科技创新成为推动生产力发展的决定性因素。技术创新是科技创新的一种表现方式。培育企业技术创新能力，关乎建立创新型国家的成败。因此，国家通过增加政府补贴、提高企业研发经费等手段来培育企业的技术创新能力，推动我国产业的转型升级。如表 1.1，2006—2012 年政府补贴和企业 R&D 经费逐年提高，政府补贴在企业 R&D 经费筹集中所占份额为 4%～6%。R&D 经费投入占国内生产总值的比重也逐年提高，2012 年 R&D 经费投入约 1 万亿元，接近国内生产总值的 2%。国务院于 2006 年颁布了《国家中长期科学和技术发展规划纲要》(2006—2020)，并提出到 2020 年，全国 R&D 经费投入占国内生产总值的比重提高到 2.5%以上。但与发达国家相比我国的 R&D 投入强度仍有较大的差距，如 2010 年日本 R&D 经费总投入占其国内生产总值的比重为 3.26%，韩国为 3.74%。因此，在我国财政投入难以大幅增长的情况下，必须发挥政府补贴的激励作用，吸引企业和民间资本对于技术创新的投入，以此来提高 R&D 投入强度，激发技术创新的活力，缩小与发达国家之间的差距。

第一，在政府补贴规模不断放大的同时，我国战略性新兴产业的技术创新水平仍然较低。为了培育战略性新兴产业，促进企业的技术创新，我国政府先后出台了一系列财政和金融政策。2012 年财政部修订了《基本建设贷款中央财政贴息资金管理办法》，明确指出了对于战略性新兴产业集聚区给予重点贴息支持。

表 1.1　**2006—2012 年 R&D 经费支出及政府补贴相关数据**

年份	R&D 经费支出(亿元)	R&D 经费支出占 GDP 的比重(%)	政府补贴(亿元)	企业 R&D 经费(亿元)	政府补贴占企业 R&D 经费的比重(%)
2006	3003.1	1.39	96.8	1946	4.97
2007	3710.2	1.4	128.7	2465.6	5.22
2008	4616	1.47	145.5	3137.2	4.64
2009	5802.1	1.7	183.9	3944.9	4.66
2010	7062.6	1.76	236.8	4809	4.92

续表

年份	R&D经费支出（亿元）	R&D经费支出占GDP的比重（%）	政府补贴（亿元）	企业R&D经费（亿元）	政府补贴占企业R&D经费的比重（%）
2011	8687	1.84	288.5	6118	4.72
2012	10298.4	1.98	—	7842.2	—

资料来源：《中国科技统计年鉴》（2006—2012）。

同年，财政部和发改委联合下发了《战略性新兴产业发展专项资金管理暂行办法》，在遵循市场主导，政府推动；集中资金，扶持重点；区别对象，创新方式方法的原则下，对关乎战略性新兴产业发展的重大关键技术突破进行重点支持。中央专项的首批资金于2012年5月启动，主要针对新能源汽车、新材料和高端装备制造产业进行补贴，补贴比例原则上按项目固定资产投资的15%，单个项目补贴资金不超过4000万元，政府补贴已经成为推动企业技术创新、发展战略性新兴产业的重要手段。为了推动其稳定、持续的发展，截至2014年8月，中央财政资金已累计安排约90亿元，吸引地方政府和社会资金约400亿元，仅2014年下达的专项发展资金就达到了20亿元。地方政府也加大了资金扶持力度，如广东省“十二五”期间统筹安排30亿元，采用竞争性扶持方式，无偿补贴战略性新兴产业核心技术攻关、重大核心装备研制等项目。安徽省设立省级战略性新兴产业发展引导资金，“十二五”期间投入50亿元支持安徽省战略性新兴产业的发展。政府安排的扶持资金使企业也获得了较多的补贴资金支持，如新能源汽车行业的龙头企业比亚迪股份有限公司，2009—2013年的直接补贴数额为22.7亿元，仅2013年就达到了6.8亿元。

政府补贴的目的是鼓励和引导企业从事研究和开发活动，激发企业技术创新的积极性，从而带动战略性新兴产业的持续、健康发展。然而，在政府补贴规模不断放大的同时，我国战略性新兴产业的技术创新水平仍然较低。根据对我国十多个代表城市战略性新兴产业相关企业的深入调研发现，技术处于国际领先地位的企业只占9.3%；技术处于国际先进地位的企业不足16%，超过70%的企业其技术不具备国际竞争力。政府补贴对技术创新的促进效果有待进一步加强。比如，比亚迪2009—2013年的补贴数额呈现较大的增长趋势，然而发明专利的国内申请量下降趋势较为明显，2009年申请国内发明专利536项，2013年仅153项，不足2009年的30%。

第二，在政府补贴实施过程中，一些地区和行业出现了低水平的重复建设、产能过剩等问题，这些问题的出现表明政府补贴并没有很好地发挥杠杆作用。有媒体甚至将战略性新兴产业叫做“温室的花朵”，“患了政策存在则发展，政策退出则衰落的政策依赖症”。更有甚者，一些企业利用虚假申报资料，骗取中央财政补贴资金，依靠补贴过日子。因此，仅依靠加大政府补贴资金的投入来促进战略性新兴产业的技术创新是行不通的，必须有效地发挥政府补贴资金的引导作用。政府补贴如何有效地发挥杠杆作用，引导企业技术创新成为重点关注的内容，这正是本书要探讨和解决的主要问题。

第三，我国战略性新兴产业各地区、各产业以及公司治理间存在较大差异，在研究政府补贴对企业技术创新的影响时必须关注这些差异所产生的影响。根据本书对战略性新兴产业的特点研究中发现，各地区由于资源禀赋、经济基础、市场状况和技术创新能力等基础条件不同，战略性新兴产业的发展存在较大的区域性差异。各产业的地区分布不均匀，各地区的技术创新投入和产出也存在较大差异。另外，由于我国各产业的产业基础存在较大的差异，各行业的鼓励政策也不同，造成了各产业间发展极不平衡。因此，在研究政府补贴对企业技术创新的影响时必须考虑地区和行业差异。我们还应看到，公司治理是企业管理制度的核心，这种制度安排能够对企业技术创新产生极其重大的影响，同时对政府补贴激励企业技术创新发挥杠杆作用也起到至关重要的作用。良好的公司治理可以使企业有能力管理好、用好补贴资金，从而激励企业技术创新。因此，公司治理也是必须要考察的重要因素。

（二）理论背景

现有研究从市场需求、金融环境和企业规模方面探究了政府补贴对企业技术创新绩效的影响，这些研究为我们理解和认识政府补贴对企业技术创新的影响做出了积极的贡献。但是，我们应该看到政府补贴是否对企业技术创新存在影响仍然争议较大。政府补贴如何促进企业技术创新的理论框架尚未构建，需要对其作用机理和实施效果进行更加深入、系统和细致的研究。

第一，政府补贴对企业技术创新的影响仍然争议较大。Blank、Stigler（1957）最早研究了政府补贴与技术创新的关系，发现政府既可以激励企业技术创新，也可以替代企业技术创新，两者之间的关系并不确定。此后，越来越多的学者也开始对政府补贴的效果展开研究，但政府补贴是否有助于激励企业技术创新仍然没有定论。**一些学者认为，政府补贴对企业技术创新具有激励作用。**Antonelli（1989）通过对意大利86个样本数据进行分析，发现政府补贴与企业技术创新之间存在显著正向关系；**另一些学者则认为，政府补贴与企业技术创新之间存在替代效应。**Toivanen、Niininen（2000）以芬兰1989年、1991年、1993年三年企业数据为样本进行研究，结果发现在大企业中存在替代效应。Wallsten（2000）对美国81个样本进行分析，发现政府补贴并没有促进企业技术创新。虽然学术界对于政府补贴能否激励企业技术创新达成一致，但目前利用政府补贴促进企业技术创新已成为各国政府普遍采用的政策。由于中国各个地区的经济发展极不平衡，各战略性新兴产业的基础也差异较大，另外，各企业间的公司治理情况差别较大。因此，在这种背景下研究政府补贴发挥杠杆作用的机理、效果及影响因素尤为必要。

第二，政府补贴如何促进企业技术创新的理论框架的缺失。政府补贴与技术创新之间的关系虽然没有达成共识，但政府补贴对技术创新产生作用的影响因素已经开始得到了学者的关注。梳理相关文献，我们发现尚未形成分析政府补贴如何促进企业技术创新的理论框架。国外的学者主要从企业规模、企业研发投入的类型、行业特征、政策效果的时间滞后等方面来研究影响政府补贴发挥杠杆作用的因素，如 Wallsten（2000）研究发现获得补贴的大企业激励效果优于小企业。Becker、Hall（2003）将产业分成高技术密集型和低技术密集型产业两组，发现只有在低技术密集型产业中，政府补贴才会显著促进企业技术创新，而在高技术密集型产业中，政府补贴的效果不显著。国内学者主要从公司治理、市场需求、金融环境和企业规模等方面研究影响政府补贴发挥杠杆作用的关键性因素。如吴剑峰、杨震宁（2014）认为企业 CEO 两职合一、控股股东所有权和控制权的两权分离对政府补贴和技术创新之间的关系起到负向的调节作用。但以上研究成果仅从某一视角来研究其影响政府补贴发挥杠杆作用的机理。因此，本书试图构建一个分析政府补贴如何促进企业技术创新的理论框架，希望从宏观制度环境、中观市场结构及微观公司治理三个层面，来探究政府补贴对企业技术创新的理论机理。

二、研究意义

（1）研究战略性新兴产业政府补贴对技术创新的影响可以进一步验证政府补贴对企业技术创新的杠杆作用。现有研究关于政府补贴的效果仍然没有形成一致的观点。现有研究主要分析了政府补贴对企业技术创新的影响效果，是存在替代效应还是激励效应，远未取得一致的结论。2010 年我国将战略性新兴产业作为重点培育、优先发展的产业，其发展关系到我国经济结构优化、产业结构调整升级的成败，发展战略性新兴产业离不开企业的技术创新。目前关于战略性新兴产业的研究主要集中在补贴方式和政府补贴对企业产生的影响方面，对于政府补贴政策的效果研究仍然处于起步阶段，尤其对政府补贴对企业技术创新所产生的效果方面缺乏研究。因此，本书具有重要的理论意义。

（2）有助于构建补贴政策促进企业技术创新的理论分析框架，从而在理论上深化补贴政策对企业创新的理论机理，进一步整合和拓展基于政府补贴的视角影响企业技术创新绩效因素的研究。现有研究从公司治理、市场需求、金融环境和企业规模方面探究了政府补贴对企业技术创新绩效的影响，这些研究为我们理解和认识政府补贴对企业技术创新的影响做出了积极的贡献。然而，研究政府补贴如何促进企业技术创新的理论框架尚未构建，我们需要将现有的理论与经验方面的研究成果进行整合，构建其研究框架，同时对政府补贴对企业技术创新影响的作用机理和实施效果进行更加深入、系统和细致的分析。

（3）有助于指导战略性新兴产业中企业技术创新政策的调整。战略性新兴产业是新时期、新背景下的必然选择，也是产业结构调整以及实现经济发展方式转变的必然选择。战略性新兴产业以重大技术突破和重大发展需求为基础，因此，战略性新兴产业的发展离不开企业的技术创新。技术创新是提高企业经济效益和增强市场竞争力的内在源泉，是发展战略性新兴产业、实现产业升级的主要通道。为了促进企业技术创新，政府补贴成为各国普遍采用的做法。政府补贴成为我国财政政策和产业政策的重要组成部分，也已成为产业结构转型升级的重要推力。但是，政府补贴对战略性新兴产业的技术创新投入、产出以及技术创新的效率产生了怎样的影响？在创新政策的制定中，如何使政府补贴能够引导和促进战略性新兴产业中的企业技术创新？成为亟待解决和研究的问题。本书立足于战略性新兴产业，利用企业技术创新的投入、产出和技术创新的效率反映企业的技术创新，将宏观制度环境、中观市场结构及微观公司治理纳入同一框架下研究政府补贴与企业技术创新之间的关系，有助于我们更加深刻理解政府补贴与企业技术创新的深刻内涵，有助于指导战略性新兴产业中企业技术创新政策的调整。

第二节 文献综述

一、战略性新兴产业的企业识别

“十二五”规划明确指出培育支柱产业必须依靠七大战略性新兴产业的发展，并对七大产业中重点发展的技术及方向进行了明确的规定，为我们理论及实证研究指明了方向。但企业经营往往业务多元化，造成了在对象选择时存在较大的困难。然而在战略性新兴产业的培育、发展和研究中，如何识别战略性新兴产业的企业至关重要。

（1）通过建立指标体系识别战略性新兴产业。早期对于战略性新兴产业的识别主要集中于战略性新兴产业的评价指标体系的构建，通过指标体系来选取和评价战略性新兴产业。如贺正楚、吴艳（2011）构建了评价战略性新兴产业的指标体系与评价模型，并利用湖南省的数据进行了实证分析。武瑞杰（2012）以山西省为例评价了战略性新兴产业在省域的发展。但由于战略性新兴产业的企业确定困难，标准差异较大，产业层面的数据难以获取，这些研究只能利用区域性的一些产业层面的数据进行求证，样本量相对较少，在反映战略性新兴产业的全局性问题及准确识别出战略性新兴产业等方面具有一定的局限性。

（2）利用企业微观数据识别战略性新兴产业。随着研究的不断展开，学者开始把战略性新兴产业中上市公司的数据用来识别和研究战略性新兴产业。如郭晓丹、宋维佳（2011）利用 2001—2009 年企业数据来研究战略性新兴产业的进入时机选择问题。随着企业数据的完善，并根据已有的研究成果，学者们开始利用战略性新兴产业的企业数据来求证理论假设。如曹建海、邓菁（2014）选取上市公司的企业数据，利用战略性新兴产业的经验数据来检验补贴的模式与技术创新的关系。随着战略性新兴产业统计方法研究的逐步深入，学者们利用上市公司数据来研究战略性新兴产业得到了较为广泛的支持。如陆国庆、王舟等（2014）利用325家上市公司的数据来研究战略性新兴产业创新补贴的绩效。肖兴志、王伊攀（2014）利用2007—2012年254家企业的数据来研究对于战略性新兴产业的政府补贴是否起到了积极的效果。但纵观以上的研究，对于战略性新兴产业的企业在识别中，往往存在根据个人的研究对象和理解来判定战略性新兴产业，主观性较大。因此，在实证研究中，如何建立符合战略性新兴产业的识别标准成为亟待解决的问题。但毕竟企业微观数据能够较为准确地反映战略性新兴产业的发展情况，以此来识别战略性新兴产业具有较好的可操作性。

（3）本书识别战略性新兴产业企业的方法。周晶等（2011）认为依据《国民经济行业分类》（2002）和《高技术产业统计分类目录》（2006），结合《关于加快培育和发展战略性新兴产业的决定》（2010）中对七大战略性新兴产业内涵的解释，把我国战略性新兴产业分为4个大类行业、23个中类行业和16个小类行业，所有属于这些分类中的企业作为战略性新兴产业的企业。这种识别方式比较"大口径"，容易把不属于战略性新兴产业的企业归入样本中进行研究，引起数据和分析结果的不准确。郭晓丹等（2011）选取了我国沪深A股市场中，从事新材料、新能源、智能电网、节能环保和物联网5个板块的300家企业（在删除数据缺失的样本后，剩余其中的180家）作为研究样本。这种识别方法没有筛选的标准，另外样本量相对较少。殷红（2012）认为选择样本上市公司必须满足以下两点：①企业所从事的行业必须是七大战略性新兴产业及其子行业之一；②企业的第一主营业务收入必须来源于战略性新兴产业，且其占比必须超过50%。本书根据以上学者对于战略性新兴产业企业的识别方法，认为选择样本上市公司必须满足以下两点：**①企业所从事的行业属于七大战略性新兴产业及其子行业之一，且属于制造业（不包括软件开发及影视制作行业）；②企业的第一主营业务收入来源于战略性新兴产业，且其占比必须超过30%。**

二、政府补贴与企业技术创新的争议

（一）政府补贴

政府补贴的涵义。政府补贴是财政支出的一个重要组成部分，是政府根据一定时期的政治、经济方针和政策，按照特定目的，直接或间接向微观经济主体提供的无偿资金转移（孔东民，2013）。政府补贴是政府扮演“扶持之手”最直接的手段，能够有效解决“市场失灵”的问题，并且能够带来经济增长，促进产业结构的优化，引导社会投资。因此，政府补贴企业成为各个国家扶持企业发展的普遍做法。然而，补贴的实施效果却引起了学者们激烈的争论。

关于政府补贴作用的争议。部分学者认为**政府补贴起到了积极的促进作用。**如 Hitaj（2013）采用 1998—2007 年美国风电产业的数据，研究发现政府补贴对风电产业的发展起到了非常重要的作用。唐清泉、罗党论（2007）认为政府补贴有助于上市公司社会效益的发挥。邵敏、包群（2012）采用广义倾向评分匹配方法，研究企业获得补贴收入的不同是否会对企业生产率带来影响，认为政府补贴可以明显地提高企业生产率水平。另一部分学者认为**政府补贴产生了较大的负面效应。**如 Van Tongeren（1998）研究了 20 世纪 80 年代已在荷兰使用的政府补贴效应问题，发现政府补贴虽能提高企业的偿债能力，但并未带动社会和经济资源的有效流动，并促使企业改变了投资初衷。Lemer（1999）认为政府补贴容易产生扭曲性激励，导致政府选择错误的补贴项目，从而产生不良的政策效果。余明桂、回雅甫等（2010）以我国民营上市公司为样本研究政府补贴的有效性，发现政府补贴如果基于政治关联，将会使补贴无效，扭曲资源的配置效率。耿强、江飞涛等（2011）认为政府补贴扭曲了要素市场价格，压低投资成本，形成产能过剩，并成为中国经济波动的主要影响因素。

尽管学者们对于政府补贴的效果没有达成一致的意见，但已经逐渐开始对于政府补贴动机、影响政府补贴发挥作用的因素以及如何发挥政府补贴的杠杆效应展开研究。如肖兴志、王伊攀（2014）以寻租效应和信息效应为基础，从官员激励视角研究政府补贴动机，发现政府在选择补贴对象和补贴程度时兼有促进企业创新和协助企业粉饰业绩两种动机。曹建海、邓菁（2014）发现不同的补贴模式会改变企业预期，从而影响补贴的效果。吴剑峰、杨震宁（2014）认为控股股东所有权和控制权的两权分离对政府补贴发挥作用具有重要影响。汪秋明、韩庆潇等（2014）认为提高政府对企业的规制效率、降低检查成本、提高政府对企业的惩罚力度等措施能够发挥政府补贴的杠杆效应。

政府补贴已经成为我国引导产业发展、帮助企业成长的重要手段，并且也发挥了积极的作用。因此，如何发挥政府补贴的杠杆效应将是研究的重点内容。目前我国正处于产业升级转型的重要历史时期，如何利用政府补贴政策引导产业发展成为当务之急。然而，现有研究仍然处于探索阶段，亟待系统深入的探究。

战略性新兴产业与政府补贴。政府补贴一方面能够解决市场失灵问题和弥补由于市场失灵所导致的企业研发不足，另一方面也可以向市场传递信息，带动和吸引企业的投资并提高企业的创新积极性。因此，政府补贴的方式和效果等问题引起了学术界极大关注。然而对于战略性新兴产业与政府补贴的相关研究仍然不足，梳理以往的文献，主要集中在以下三个方面：

第一，战略性新兴产业的补贴方式。政府采用的补贴方式不同，可以对战略性新兴产业的发展产生不同的影响。肖兴志、王伊攀（2013）在纵向差异化 Hotelling 模型的基础上，通过建立三阶段的博弈模型研究发现研发补贴不会影响竞争企业间的市场份额，而产品补贴对企业的市场份额是有影响的。王宇、刘志彪（2013）基于一般均衡的框架，利用特定要素模型对政府补贴方式与战略性新兴产业和传统产业进行研究，认为生产补贴在实现战略性新兴产业短期增长的同时，会对传统产业造成冲击。巫强、刘蓓（2014）利用2009—2013年我国战略性新兴产业上市公司的动态面板数据，使用系统GMM方法研究发现定额研发补贴对创新产出没有显著性影响，而定率补贴则影响较为显著。

第二，在战略性新兴产业中政府补贴对企业产生的影响。政府补贴的初衷是引导企业技术创新，降低企业的研发成本和研发风险，从而带动战略性新兴产业的发展。然而政府补贴对企业到底产生了怎样的影响，学者们却从不同的角度提出了各自的观点。如肖兴志、王伊攀（2014）利用2007—2012年战略性新兴产业上市公司数据，并构建企业社会资本投资和研发创新投资决策模型，发现企业社会资本投资弱化了政府补贴激励技术创新的效果，政府补贴实际上扭曲了企业投资行为。张宗益、陈龙（2013）依据Hausman检验的方法和原理，利用2006—2012年上市公司数据研究认为政府补贴对不同战略性新兴产业的内部R&D的影响存在明显不同。

第三，战略性新兴产业的补贴效果。战略性新兴产业研发投入大、风险高。因此，补贴成为政府扶持战略性新兴产业发展的主要手段。近年来，我国政府对战略性新兴产业的补贴持续增加，但补贴的效果如何，理论界缺乏对该问题的系统研究。近来有文献基于政府补贴的外溢效应和官员激励视角对此进行了研究尝试。如陆国庆、王舟等（2014）构建了包含外溢效应的超越对数模型，应用迭代阶段最小二乘法研究2010—2012年战略性新兴产业上市公司数据，发现政府补贴对企业产出的绩效是显著的。肖兴志、王伊攀（2014）构建一个政府与企业共同参与的理论模型，利用战略性新兴产业上市公司的年度数据研究认为政府在选择补贴对象时兼有促进企业技术创新和协助企业粉饰业绩两种动机。

（二）企业技术创新

企业技术创新的测度。随着对于技术创新的研究和认识不断加深，有关技术创新的实证研究不断开展，并逐步增多。然而，实证研究首先要解决的问题就是对技术创新的测度。测度工作主要包括技术创新指标体系的建立和指标所指数据的收集工作。目前的研究主要基于国家和地区层面、行业层面以及企业层面进行。如贺青、葛翔宇（2014）采用1985—2010年的国家层面数据作为研究样本，分析政府科研投入、技术创新与经济增长三者之间的关系。汪晓梦（2014）运用相关性分析和灰色关联度方法，分析了合肥市技术创新政策绩效。贾军、张卓（2013）建立技术创新和能源效率复合系统协同度模型，以我国高新技术产业为例，研究了技术创新与能源效率的协同发展。程聪、谢洪明等（2013）采用民营企业的调查数据，构建了网络关系、内外部社会资本和技术创新理论模型，研究网络关系、内外部社会资本和技术创新之间的关系。目前，由于战略性新兴产业缺乏国家层面和行业层面的数据，现有文献主要集中于企业层面的研究。因此，本书的研究也聚焦于企业层面。

基于企业层面的技术创新指标。国内学者对于基于企业层面的技术创新指标的研究做了不少的尝试，但截至目前仍然没有形成统一的指标体系。针对企业层面的研究，学者们分别从投入产出的角度，从知识的产出和交流的视角，从技术创新能力和效益等方面来测度技术创新，以此来构建反映技术创新的指标体系。如毕克新、孙金花（2005）基于模糊积分的区域中小企业技术创新测度与评价的综合评价方法，选用知识流动、中小企业技术创新能力、技术创新环境、创新经济绩效五个层面，构建技术创新的测度指标体系。孙伍琴、王培（2014）研究了中国金融发展如何促进技术创新，利用技术创新的R&D产出指标来反映技术创新。蔡地、黄建山等（2014）利用第八次对于我国私营企业发展状况的抽样调查数据，从政治关联视角考察其对我国民营企业技术创新活动的影响，从R&D投入和产出两方面构建企业技术创新的指标体系。廖中举、程华（2014）以浙江省379家企业的调查数据为样本，研究企业技术创新激励措施的影响因素及绩效，利用企业的R&D投入和新产品产值来反映企业技术创新。

通过以上的文献研究发现，基于企业层面，从 R&D 投入产出的角度研究技术创新得到了较多学者的支持。因此，本书结合战略性新兴产业研究的现实情况，**采用技术创新投入、产出和效率三个维度来测度企业技术创新。**

（三）政府补贴对于企业技术创新的影响

Blank、Stigler（1957）最早开始探究政府补贴与企业技术创新的关系，发现政府补贴虽然可以激励企业技术创新，但是也产生了替代企业技术创新的负面作用，两者之间的关系并不确定。此后，越来越多的学者也开始对政府补贴的实施效果进行研究，但政府补贴能否产生激励企业技术创新的效果仍然没有定论。

一些学者认为，**政府补贴对企业技术创新具有激励作用。**Antonelli（1989）研究了意大利约 90 个样本数据，认为政府补贴与企业技术创新之间存在显著正向关系；Capron 等（1997）应用比利时制造业企业数据，也研究发现政府补贴对企业技术创新有激励作用。Mamuneas、Nadiri（1996）对 1956—1988 年美国 15 个行业数据进行研究，得出了同样的结论。David（2000）对此问题作出的综述发现，14 篇文献除 2 篇外，其余均支持了政府补贴对企业技术创新有激励作用。另一些学者则认为，**政府补贴与企业技术创新之间存在替代效应。**Toivanen、Niininen（2000）以芬兰 1989 年、1991 年、1993 年三年企业数据为样本进行研究，结果发现在大企业中存在替代效应。Wallsten（2000）对美国 81 个样本进行分析，发现政府补贴并没有促进企业技术创新。

对于政府补贴与技术创新之间的关系虽然没有达成共识，但政府补贴对技术创新产生作用的影响因素已经开始得到了学者的关注。梳理相关文献，我们发现目前研究影响政府补贴效果的因素主要是企业规模、企业研发投入的类型、行业特征、政策效果的时间滞后等方面。

首先，企业规模对政府补贴实施效果的影响。如 Wallsten（2000）

研究发现获得补贴的大企业激励效果优于小企业。而另一些文献发现资助小企业能更有效地发挥政府补贴的作用。Folster（1992）通过瑞典214家企业数据的研究，认为政府补贴能够促进企业技术创新，且对小规模企业的激励效果最明显；Lach（2002）研究了以色列政府的研发补贴对企业技术创新的影响，发现政府补贴能够激励小企业的技术创新，而对于大企业来说则存在替代效果。

其次，研发类型对政府补贴实施效果的影响。一些文献认为技术创新活动并非具有同质性，技术创新项目可以分为基础性研究项目和实用技术的发展项目，政府补贴对技术创新活动，因研发类型的差异而会产生不同的影响。如Clausen（2007）区分了针对不同研发项目的政府补贴政策，发现针对“研究”项目的补贴，会使得企业从事更多的“研究”活动；而针对“发展”项目进行的补贴，则会减少企业从事“发展”项目。

再次，行业特征对政府补贴实施效果的影响。不同的行业分类结果对研究的结果会有影响，但目前学者对于行业特征的研究多依据各个国家的行业分类标准。如Hamberg（1966）认为政府在电子及设备制造业、工业化学、其他电子设备及办公设备四个产业实施补贴，可以促进企业技术创新。Becker、Hall（2003）将产业分成高技术密集型和低技术密集型产业两组，发现只有在低技术密集型产业中，政府补贴才会显著促进企业技术创新，而在高技术密集型产业中，政府补贴的效果不显著。

最后，政策的滞后效应对政府补贴实施效果的影响。因为技术创新活动需要很长的时间周期，政府补贴对企业技术创新活动的影响可能是多期的。Levy、Terleckyj（1983）发现政府补贴对企业技术创新活动的激励作用平均发生在补贴后的第三年。Klette、Moen（1998）也认为政府补贴能够激励企业技术创新，但实施的效果一般发生在政策实施后的前两年。

（四）我国对于政府补贴与技术创新的相关研究

随着对企业技术创新活动研究的不断加深，目前我国对于政府补贴与技术创新的相关研究也越来越多。虽然仍有部分文献认为政府补贴对企业技术创新存在替代效应，如邢斐、张建华（2009）运用我国地区大中型工业企业数据，考察了不同的创新支持政策产生的效果，结论认为政府补贴对企业技术创新活动产生了替代效应。但文献结果显示大多支持政府补贴能够激励企业技术创新，如游达明、朱桂菊（2014）构建政府和企业间“补贴-研发-生产”的三阶段动态博弈模型，研究认为政府补贴有利于提高企业技术创新的积极性，不会产生“排挤效应”。

政府补贴实施效果的影响因素。国内学者也从不同的视角研究政府补贴实施效果的影响因素。在公司治理方面，吴剑峰、杨震宁（2014）结合资源基础理论和委托代理理论，采用2008—2011年电子、制药和信息企业上市公司数据研究认为企业CEO两职合一、控股股东所有权和控制权的两权分离对政府补贴和技术创新之间的关系起到负向的调节作用。在市场需求方面，邹彩芬、刘双等（2014）以2007—2012年中医药上市公司为样本进行研究，发现外部市场需求在政府补贴与企业技术创新之间的中介效应并不显著；而内部需求在政府补贴与企业技术创新之间具有完全中介效应的作用。在金融环境和企业规模方面，王维、郑巧慧（2014）认为金融环境对技术创新的作用因企业所处地区和规模不同而有差异。

政府补贴的作用机理。国内一些学者尝试性探讨了政府补贴的作用机理。如周绍东（2008）通过对企业与政策制定者之间不对称信息博弈的分析，认为当政策制定者和企业之间存在不对称信息，且用于技术创新的要素价格足够低廉时，政府补贴的提高将刺激企业加大模仿创新强度。高艳慧、万迪昉等（2012）从信号发送的角度探讨政府补贴的实施效果，认为政府补贴可以为企业带来较多的银行贷款，可以有效缓解企业技术创新活动中的融资压力，但这种促进作用仅在非国有企业以及市场化程度较低的地区显著。

三、市场化进程、政府补贴与企业技术创新

市场化进程的涵义。要正确理解市场化进程，首先要定义市场化，然而对于市场化的理解仍然存在分歧。陈宗胜等（1999）认为市场化就是市场机制在一个经济中对资源配置发挥的作用持续地增大，经济对市场机制的依赖程度不断加深和增强，市场机制从逐步产生、发展到成熟的演变过程。而张曙光、赵农（2000）认为上述定义忽视了市场化过程中很多广泛而深刻的变化，特别是制度和政策上的变化，认为市场化其实就是经济自由化。本书认为陈宗胜等（1999）对于市场化的定义基本可以反映其内涵，因此，市场化进程就是确立市场机制的过程。对于市场化进程的测度一直以来也是学术界关心的问题。1995 年美国《华尔街》杂志联合传统基金会首次公开发布了该年度的经济自由化指数。该指数得到了不断的更新和丰富，1998 年该指数已经可以反映约 160 个国家和地区的发展情况。借鉴国外的研究成果，樊纲、王小鲁（2004）发布了中国不同区域的市场化进程指数来量化各地区的市场化情况，发现我国各地区的市场化进程差异较大。其学术成果受到了学术界的广泛关注，推动了市场化进程的实证研究。孙峥、刘凤委等（2005），纪晓丽（2011），吴晓晖、叶瑛（2009），程新生、谭有超（2011）等均采用该指数代理市场化进程。本书也采用该指数来刻画各地区市场化进程的差异。

市场化进程与企业技术创新。国内外学者对于市场化进程与企业技术创新之间的关系研究得较多，普遍认为市场化进程可以激励企业增加技术创新的各项投入，从而促进企业技术创新。如 Heitor、Murillo（2007）研究认为，市场化进程越高的地区，市场可以通过竞争机制向企业传递信用承诺，规避企业倾向于从事简单的技术模仿，从而激励企业技术创新。Hicheon、Heechun（2008）研究发现，在市场化程度、融

资宽余程度的共同作用下，其对企业技术创新活动产生了较为显著的影响，并且认为市场化程度对企业技术创新具有正向的影响作用。唐清泉（2011）以政治关系和市场化进程为纽带，研究了实现企业转型升级的外部环境，也认为市场化进程对企业技术创新有激励效应。

然而，国内外学者对于**在不同市场化进程的地区，政府补贴影响企业技术创新是否存在差异缺少系统的研究。**现有研究主要集中于市场化进程如何影响政府补贴。如余明桂等（2010）考察了市场化进程对补贴的影响，认为市场化进程越低的地区，企业获得补贴越容易，但企业的经营效益和对社会的贡献却越小。孔东民、刘莎莎等（2013）认为我国各地区市场化进程差异较大，政府补贴很可能存在显著的差异。以上文献均未检验不同市场化进程的地区政府补贴如何发挥促进企业技术创新的杠杆作用，因此本书的研究也是对其进行的拓展和补充。仅有顾元媛等（2012）认为随着市场化进程的不断推进，地方政府减少了对企业的干预，企业出于长期发展的考虑，补贴能够促进技术创新。可见非常有必要从市场化进程视角探究其对政府补贴影响企业技术创新的杠杆作用。

四、产品市场竞争、政府补贴与企业技术创新

产品市场竞争的涵义。产品市场竞争是产业组织理论和公司治理理论关注的重要问题。产业组织理论认为产品市场竞争可以表示企业进入和退出市场的难易状况以及现有市场的集中程度。公司治理理论认为产品市场竞争是公司治理重要的外部环境，能绑定股东和经理人的利益，对公司治理有着重要的影响。但对于产品市场竞争的含义尚未有统一的定论，本书依据市场竞争的含义认为，产品市场竞争就是在同一空间内，竞争对手的集聚程度和竞争状况。目前学术界对于市场竞争程度的界定仍然存在困惑，如何准确反映产品市场竞争仍然是一个难题。梳理目前产业组织理论的相关文献发现，行业的市场集中度比率、赫芬达尔

指数以及交叉价格弹性等指标常用来反映市场竞争的强度。由于市场集中度比率很难反映企业与企业之间的影响程度，在衡量企业之间的竞争强度时不够准确；全体企业的定价资料很难获取，因此，交叉价格弹性的度量也很困难。为此，本书根据已有相关研究和实践的做法（姜付秀等，2009），采用赫芬达尔-赫希曼指数（Herfindahl-Hirschman Index，以下简称 HHI 指数）测度产品市场竞争强度，即一个行业中各市场竞争主体所占行业总资产百分比的平方和。

国外关于产品市场竞争与技术创新的争论。产品市场竞争与技术创新的关系一直是国内外学者争论的焦点。熊彼特（1942）认为垄断与企业技术创新活动存在着密切的联系，市场集中度的提高将有利于企业从事技术创新活动；垄断是创新孕育和产生的基础。因为技术创新活动风险很大，并存在外溢效应，能够承担创新风险必须要有强大的实力，否则创新对企业就失去了吸引力。只有大企业才有实力为企业家提供担保并承担风险，因此，创新必须建立在垄断的基础之上。正是由于垄断利润的存在，企业才有动力去创新，从而使竞争不断发展为垄断。熊彼特关于垄断与技术创新的理论观点，我们称之为熊彼特假说。熊彼特最早提出了产品市场竞争与技术创新之间的关系，熊彼特假说引起了学术界广泛的争论。如 Arrow（1970）通过研究提出了与熊彼特假说相反的观点，发现竞争相比垄断能够更好地激励创新，垄断容易造成企业停滞不前，从而造成静态福利的损失。Nickell（1996）也认为市场竞争与企业技术创新之间存在正向关系。随后一些学者也试图调和熊彼特假说与不同观点的分歧，如 Aghion 等（1997）进一步发展并丰富了熊彼特假说，认为当行业的竞争程度不高时，竞争程度的不断提高，企业将会被迫进行更多的技术创新，通过技术创新保持在竞争市场中的地位，因此市场竞争程度与企业技术创新之间存在正向关系；当竞争程度达到一定的高度后，垄断利润开始逐步降低，随之企业的技术创新的积极性也将下降，企业因技术创新而获取的利润也将减少，因此市场竞争程度与技术创新之间存在负向关系。所以，市场竞争和技术创新之间并非是线性关系，而是一种倒 U 型的关系。

国内关于产品市场竞争与技术创新的争论。国内的研究以理论的引进和综述为主，多数国内学者认为完全垄断和完全竞争的市场结构对技术创新是不利的，最有利的是中等程度的竞争。骆品亮（1998）利用我国 1992 年各行业横截面数据研究认为，企业市场份额与技术机会存在正的相关关系。刘国新等（1997）也认为高集中度行业比低集中度行业的技术创新更多。陈羽等（2007）研究认为市场竞争与技术创新呈倒 U 型关系。国内外的研究主要集中在产品市场竞争与技术创新的关系上，而对于不同产品市场竞争的行业中，政府补贴如何影响企业技术创新活动研究得不多。国外的研究主要集中于政府对于研发人员的补贴上，如 Kilponen 研究认为虽然在不同的竞争环境对研发人员的工资补贴都能够促进技术创新，但这种促进效应会随着竞争程度的不断加强而逐渐减弱。国内关于这方面的研究更少，文献也不多。樊琦（2011）对我国政府科技投入、市场竞争与自主创新关系进行了研究，发现市场竞争与自主创新之间存在着倒 U 型的关系，当市场竞争水平超过倒 U 形顶部的临界值时，政府科技投入在促进企业技术创新活动中的激励作用将不断降低，但其利用行业数据，样本量相对较小。孔东民、刘莎莎等（2013）研究认为市场竞争程度较弱的行业，国企可能获得更多的政府补贴。可见，已有研究要么只关注产品市场竞争如何影响企业技术创新，要么只关注产品市场竞争如何影响政府补贴的经济后果，而在**不同产品市场竞争的行业，政府补贴如何影响企业技术创新尚未验证。**

五、股权集中度、政府补贴与企业技术创新

股权集中度的涵义。学术界普遍认为股权集中度是衡量公司股权分布状态的一个重要指标，具体指公司全部股东持股比例的多少，以反映公司的股权是集中还是分散的数量关系。股权集中度能够较好地反映公司的股权结构，是衡量公司治理水平的重要指标。学术界对于股权集中

度的度量主要采用以下三方面指标：一是第一大股东的持股比例；二是第一大股东和第二大股东持股比例之比；三是前十大或前五大股东股东持股比例之和。

股权集中度与企业技术创新。目前国内外学者围绕股权集中度与企业技术创新活动的关系已做过大量的研究，但分歧比较大。

（1）股权集中度与企业技术创新之间存在正向关系。如 Hill、Snell（1988）研究认为，企业的股权集中度与技术创新之间具有显著的正向关系，大股东关注企业的长期盈利能力，更加趋向于增加技术创新的投入，以获取高额的回报。Shleifer（1997）等人发现，如果大股东的持股比例较高，股权就会相对集中，这将使股东具有较高的监控和管理能力，有利于管理者更倾向于关注企业的长期发展，从而保证企业在技术创新活动中的投入水平。任海云（2010）基于 A 股制造业上市公司的数据进行了检验，认为股权集中度的提高将有利于企业技术创新活动。

（2）股权集中度与企业技术创新具有负向关系。如 Lee、O'neill（2003）通过利用美国和日本的企业数据，对比研究了股权集中度对企业技术创新的影响，发现日本企业相比美国企业的股权集中对技术创新具有明显负的影响。杨建军、盛锁（2007）通过问卷调查数据的实证分析发现，股权越集中，大股东承担技术创新的风险也就越大，容易产生风险规避心理，参与技术创新活动的意愿就会减弱，企业的技术创新活动的投入就会随之减少。

（3）股权集中度与企业技术创新具有曲线型关系。如陈隆、张宗益和杨雪松（2005）以上海证券交易所和深圳证券交易所制造业上市公司 2003 年横截面样本为研究对象，发现股权的适度分散和绝对集中都有利于企业的技术创新，即企业技术创新与股权的集中度呈现出 U 型关系。文芳（2008）检验了控股股东持股比例与企业技术创新之间的关系，认为存在 N 型关系。冯根福、温军（2008）也发现股权集中度与企业技术创新存在“倒 U 型”关系。

（4）股权集中度与企业技术创新无显著相关性。Baysinger、Kosnik

和 Turk（1991）通过实证研究认为持股比例对企业技术创新的影响具有不确定性。Czarnitzki、Kraft（2009）的研究也表明股权集中度与企业技术创新投入并没有必然的相关性。

国内外研究目前主要集中在股权集中度与企业技术创新的关系，通过文献的检索发现，学者开始关注怎样的公司治理机制有利于政府补贴发挥杠杆作用。如彭中文、文亚辉（2015）认为股权集中度越高，政府补贴对企业绩效的负向作用越显著。综上所述，以股权集中度为代表的公司治理会影响政府补贴对经营绩效的影响，但**不同股权集中度的企业，政府补贴如何影响企业技术创新仍然没有引起学者的关注。**因此，股权集中度如何影响政府补贴发挥促进技术创新的杠杆作用，是非常值得研究的问题。

六、简要述评

综合以上文献，发现政府补贴与企业技术创新的关系仍然没有统一的结论，有待我们进一步丰富其研究成果。另外，国内外的学者主要从企业规模、市场需求、企业研发投入的类型、行业特征、政策效果的时间滞后等方面来研究影响政府补贴发挥杠杆作用的作用机理，需要进一步丰富政府补贴发挥杠杆作用的影响因素。梳理相关文献发现，学者们更多地关注了市场化进程、产品市场竞争和股权集中度与企业技术创新的关系，而对于此三个维度下，政府补贴如何影响企业技术创新的研究仍然有待展开。如余明桂等（2010）研究了市场化进程对于政府补贴的影响；孔东民、刘莎莎等（2013）实证检验了市场化进程、产品市场竞争对于政府补贴的影响；彭中文、文亚辉（2015）检验了股权集中度不同的企业，政府补贴对企业绩效的影响。对于处于不同市场化进程的地区，不同产品市场竞争的行业、不同股权集中度的企业，政府补贴如何发挥促进企业技术创新的杠杆作用亟待进一步研究。

（1）现有研究关于政府补贴的效果仍然没有形成一致的观点。现有研究主要分析了政府补贴对企业技术创新的影响效果，是存在替代效应还是激励效应，远未取得一致的结论。2010 年我国做出重点培育和发展战略性新兴产业的重大战略选择，战略性新兴产业的发展关系到我国经济结构优化、产业结构调整升级的成败，发展战略性新兴产业必须以技术创新为基础。现有有关战略性新兴产业研究主要集中在补贴方式和政府补贴对企业产生的影响方面，对于政府补贴政策的效果研究仍然处于起步阶段，尤其在政府补贴对企业技术创新能够产生怎样的效果方面缺乏系统的研究。因此，基于战略性新兴产业企业样本数据，研究政府补贴对技术创新的影响不仅可以进一步澄清政府补贴对企业技术创新的影响效果，而且能够为如何运用补贴政策促进企业技术创新提供政策性的建议。

（2）政府补贴如何促进企业技术创新的理论框架的缺失。梳理相关文献发现，国内外的学者主要从企业规模、市场需求、企业研发投入的类型、行业特征、政策效果的时间滞后等方面来研究影响政府补贴发挥杠杆作用的作用机理，但以上研究成果仅从某一视角来研究其如何影响政府补贴发挥杠杆作用。需要同时从宏观制度环境、中观市场结构及微观公司治理全方面来构建分析的理论框架，来探究政府补贴对企业技术创新的理论机理。因此，本书考察了不同的市场化进程的地区、不同产品市场竞争的行业以及不同股权集中度的企业，政府补贴如何发挥促进企业技术创新的杠杆作用。

综上所述，本书拟基于微观层面研究政府补贴与企业技术创新之间的关系，有助于进一步澄清政府补贴对企业技术创新的杠杆作用；拟将宏观制度环境、中观市场结构及微观公司治理纳入同一框架下研究政府补贴与企业技术创新之间的关系，构建研究政府补贴如何促进企业技术创新的理论框架，有助于我们更加深刻地理解政府补贴对企业技术创新的具体理论机理，有助于指导战略性新兴产业技术创新政策的调整。

第三节 研究目标、主要研究内容及创新点

一、研究目标

本书基于战略性新兴产业的微观数据研究政府补贴与企业技术创新之间的关系，将宏观制度环境、中观市场结构及微观公司治理纳入同一框架下研究政府补贴与企业技术创新之间的关系，构建研究政府补贴如何促进企业技术创新的理论框架，较全面地反映影响政府补贴发挥企业技术创新促进作用的关键性因素。具体来说，本书紧紧围绕上述研究目标，拟就以下具体问题作出回答：

（1）基于战略性新兴产业的微观数据考察政府补贴对企业技术创新是否具有激励作用。

（2）在不同市场化进程的地区，政府补贴如何影响企业技术创新发挥杠杆作用。

（3）在不同产品市场竞争的行业，政府补贴如何影响企业技术创新发挥杠杆作用。

（4）在不同股权集中度的企业，政府补贴如何影响企业技术创新发挥杠杆作用。

二、主要研究内容及研究框架

（一）主要研究内容

本书将宏观制度环境、中观市场结构及微观公司治理纳入同一框架下研究政府补贴与企业技术创新之间的关系，构建研究政府补贴如何促

进企业技术创新的理论框架，较全面地反映影响政府补贴发挥企业技术创新促进作用的关键性因素。但如何对宏观制度环境、中观市场结构及微观公司治理进行度量成为本书要解决的关键性问题。

制度环境的度量。中国是一个幅员辽阔的国家，国家在推动市场化改革的过程中，造成了各地区市场化进程的不同，各地区的制度环境差异较大。因此，在我国，对于制度环境的研究引起了广泛的关注，但是对于制度环境的度量成了亟待解决的难题。刘慧龙、吴联生（2014）利用地区市场化水平、政府治理水平和法治化水平来衡量地区的制度环境。何韧、刘兵勇等（2012）利用地区经济发展水平、金融深化程度和法制化水平来度量制度环境。但更多的学者选择了罗党论和唐清泉（2009）、余明桂和潘红波（2008）、邓路和谢志华等（2014）的做法，利用市场化进程来度量地区的制度环境特征，即市场化进程越高的地区，地区的制度环境越好。据此，本书也**利用市场化进程来表征地区的制度环境，**探究在不同市场化进程的地区，政府补贴对企业技术创新的作用机理。

市场结构的测度。自熊彼特假说提出以来，什么样的市场结构有利于企业技术创新已成为研究的焦点和热点问题。所谓市场结构是指特定的市场中，企业间在数量、份额和规模上的关系，以及由此决定的竞争形式，它主要反映了市场竞争和垄断的关系问题。然而，如何测度市场结构，不同学者根据所研究的问题，提出了各自的方法。如涂万春、陈奉先（2006）以产业中规模最大的前几个企业的资产、利润等占整个行业的比重和产品市场竞争来衡量市场的结构。郭琪、贺灿飞（2014）以小企业和国有企业的比重来测度市场结构。梳理文献发现，较多的学者采用产品市场竞争来衡量市场结构，如徐忠和沈艳（2009）、王聪和宋慧英（2012）、陈林和朱卫平（2011）。因此，本书也将**利用产品市场竞争来测度市场结构，**考察不同的产品市场竞争程度的行业中，政府补贴如何影响企业技术创新。

公司治理的度量。公司治理是将公平原则内嵌于基于产权的强势原则中，通过权利配置来平衡投资者之间以及投资者和公司之间利益的制度安排。公司治理本质上是一种权力分配与权力制衡机制。由于公司治理与公司的绩效之间有着必然的联系，公司治理成为学者们重点关注的内容。梳理文献发现，学者们对于公司治理的度量仍然没有统一。李维安教授领导的南开大学公司治理评价课题组最早提出建立公司治理评价指数，但该指数并不适于基于微观企业样本的研究。汪昌云、孙艳梅（2010）从大股东持股比例、控制权与所有权分离、高管薪酬激励三个方面来度量公司治理。于福生、张敏（2008）等利用股权结构、高管激励和董事会特征来作为代理变量表示公司治理。公司的股权结构主要指的是公司股东的构成，表示公司所有者的持股结构，它是公司治理的基础，对公司治理的组织形式、效率都存在着重大的影响。可以说，股权结构决定了在订立契约时的力量对比，可以影响董事会结构、代理权竞争及激励机制等公司治理机制的根本因素。于是，较多的学者偏向于利用股权结构来度量公司治理，如 Andrei Shleifer、Robert W. Vishny（1997）和陈小悦、徐晓东（2001）。而股权集中度是衡量股权结构的重要指标，因此，本书**利用股权集中度指标来反映公司治理情况，**研究不同股权集中度的企业，政府补贴如何发挥促进企业技术创新的杠杆作用。

由此，本书基于战略性新兴产业的微观数据主要研究了市场化进程不同的地区、产品市场竞争不同的产业以及股权集中度不同的企业，政府补贴对企业技术创新的作用机理，从而为制定差别化的补贴政策提供理论基础，同时为完善目前的补贴政策提出合理的建议。如图 1.1 所示。

（二）研究框架

本书主体内容分为五大部分。

第一部分为第一章。这是本书研究内容的基础部分，主要阐述选题现实及理论背景、解决的关键问题、研究目标及意义、国内外的研究现

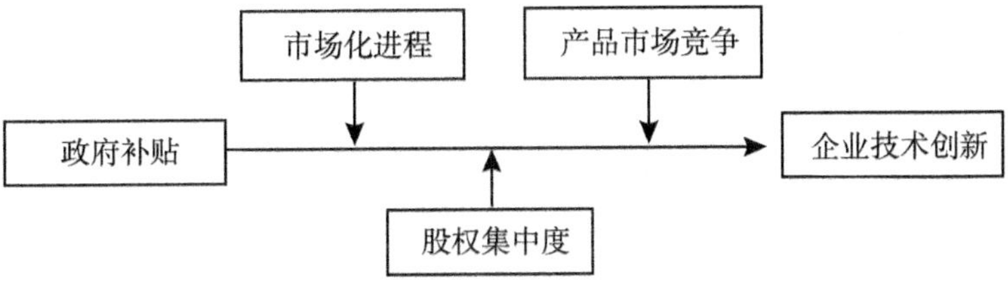

图 1.1 本书分析框架

状和主要研究内容等，总结出了研究方法及本书的主要创新点。通过选题背景的阐述，提出本书所要研究的主要问题和研究意义。对选题所涉及领域的文献进行梳理，分析该领域的研究动态、水平和发展前景等，并界定了本书所涉及概念的基本涵义，从而确立了本书研究的内容。归纳和整理本书的研究方法和创新点，说明研究方法在文中的应用及创新之处。

第二部分为第二章。这一部分是本书研究理论基础的介绍和分析。梳理本书采用的相关理论——制度变迁理论、公司治理理论、创新理论和产业生命周期理论的观点及演变过程，为本书的研究做好理论准备。

第三部分为第三章。这一部分主要介绍战略性新兴产业的补贴政策及技创新发展现状，介绍目前我国战略性新兴产业的重点发展方向，梳理战略性新兴产业在国家层面和主要地区层面的补贴政策，并根据我国战略性新兴产业技术创新的发展水平，总结出目前的特点。

第四部分为本书研究的核心部分，包括第四、五、六章。该实证研究部分将宏观制度环境、中观市场结构及微观公司治理纳入同一框架下分别研究政府补贴对企业技术创新投入、产出和效率的影响，找出政府补贴促进企业技术创新的作用机理。

第五部分为本书的总结部分，包括第七、八章。根据以上的研究结论，得到政府补贴促进企业技术创新的政策建议、本书研究的不足以及下一步的研究方向。

三、研究方法及技术路线

（1）研究方法。本书采用定性研究和定量研究相结合的研究方法，遵循“问题提出→理论分析和研究假设→实证分析→系统的结论”的体系安排论述的结构和逻辑框架。

通过广泛阅读有关技术创新、战略性新兴产业、政府补贴、产业生命周期理论、熊彼特假说、代理理论等领域相关的中英文文献，比较深入地梳理出研究的理论现状，进而归纳整理其研究概况及前沿的研究问题，同时结合目前我国企业技术创新发展的现实情况，提出本研究的构想、研究框架以及相应的研究假设。本研究采用数据库资料以及手工收集整理的数据对研究假设做定量分析，利用 Stata12 统计分析软件，通过多元回归的方法展开实证研究，以验证研究假设，得出研究结论。

（2）技术路线。根据拟定的研究内容、核心问题及研究方法，本书所采取的技术路线如图 1.2 所示。

四、研究的难点

（1）如何构建政府补贴政策促进企业技术创新的理论分析框架。目前，虽然政府补贴和企业技术创新之间关系的争论仍然没有达成一致，然而，政府补贴已成为各国政府解决“市场失灵”的必要手段，在此研究背景下政府补贴如何对企业技术创新产生影响的研究就具有重要意义。但目前并没有比较全面的适用于补贴政策有效性的理论框架，如何整合现有理论，并考虑我国战略性新兴产业补贴和技术创新的特点，构建政府补贴对企业技术创新影响的研究框架，是本书要解决的理论难点。因此，本书试图将宏观制度环境、中观市场结构及微观公司治理纳入同一框架下研究政府补贴与企业技术创新之间的关系，较全面地反映影响政府补贴发挥企业技术创新促进作用的理论机理。

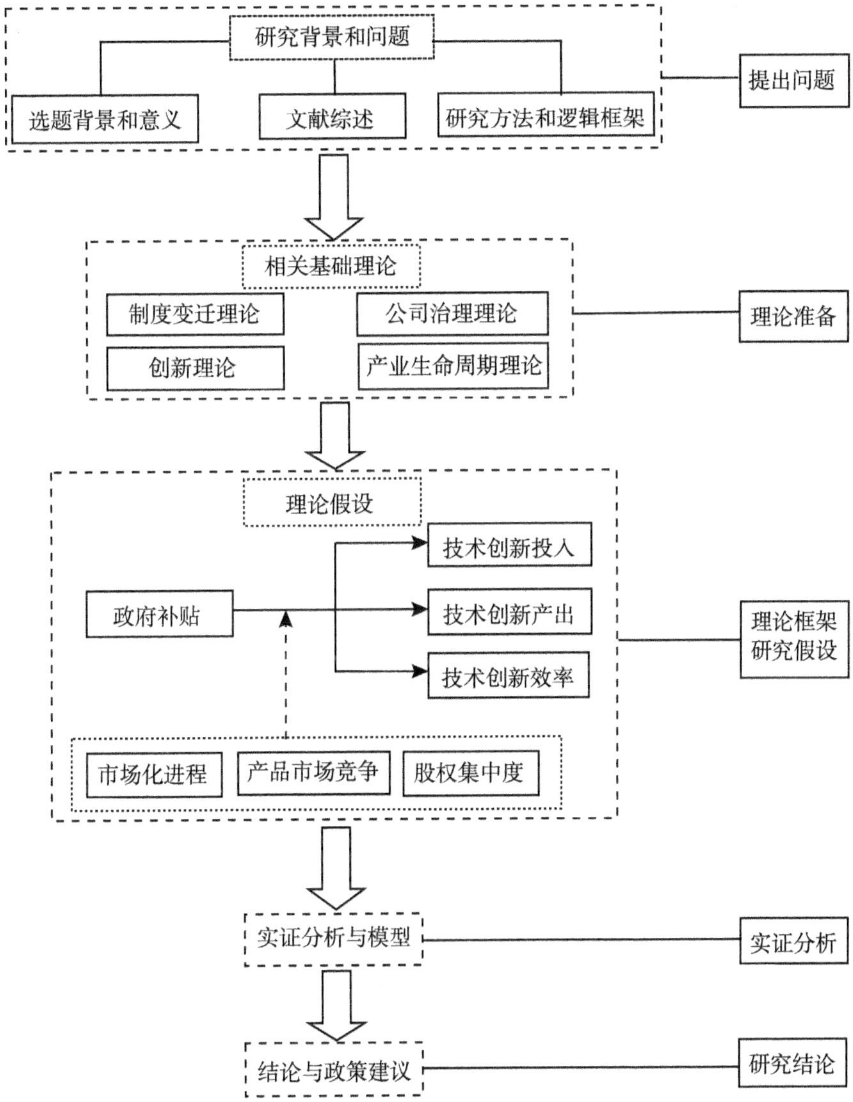

图 1.2　技术路线图

（2）实证分析的难点。首先，对于战略性新兴产业的实证研究中如何划分和选取战略性新兴产业仍然具有难度，本书结合已有研究提出了选取战略性新兴产业上市公司研究对象的标准。其次，计量模型的构建和变量指标的选择也具有一定的难度。本书选择了较为合适的计量模型，控制其他影响因素，相对准确地反映了政府补贴对技术创新的杠杆作用。变量指标的选择是目前实证研究的难点，本书梳理以往的研究文献，选择较为值得认可的变量指标来反映所研究的对象。

五、研究的创新点

本书基于战略性新兴产业的微观数据研究了政府补贴与企业技术创新之间的关系，验证了政府补贴对企业技术创新的杠杆作用，将宏观制度环境、中观市场结构及微观公司治理纳入同一框架下研究政府补贴与企业技术创新之间的关系，构建研究政府补贴如何促进企业技术创新的理论框架，较全面地反映了影响政府补贴发挥企业技术创新促进作用的关键性因素。在已有文献的基础之上，本书至少在以下三方面具有一定的贡献。

第一，本书构建了政府补贴促进企业技术创新的理论分析框架，并对此进行实证研究，从而在理论上深化了政府补贴政策对企业技术创新的理论机理。补贴政策是政府促进企业技术创新的重要手段，对于补贴政策的研究一直是学术界关注的焦点。随着我国政府补贴手段的频繁使用，国内对补贴政策的研究也随之兴起。然而，梳理以往的研究，发现国内外的学者主要从企业规模、市场需求、企业研发投入的类型、行业特征、政策效果的时间滞后等方面来研究影响政府补贴发挥杠杆作用的机理，研究政府补贴如何促进企业技术创新的理论框架尚未形成。目前处于经济转型中的中国，各地区的制度环境和各产业的发展基础差异较大，公司治理也存在着较大的不同，这就要求我们从更加全面的角度来探究政府补贴发挥作用的理论机理。本书从宏观制度环境，中观市场结构以及微观公司治理三个层面来构建研究政府补贴的分析框架，并进行了实证检验，深化了补贴政策对企业技术创新的理论机理，丰富了对于补贴政策的研究文献。

第二，较全面地反映了影响政府补贴发挥企业技术创新促进作用的关键性因素。市场失灵的理论虽然为政府的政策干预提供了理论基础，但是现有的理论并没有为政府如何进行干预和创新支持提供有关的参考和依据。我们验证了市场化进程、产品市场竞争、股权集中度分别对补贴政策效果的影响，为政策制定者制定补贴政策提供了一个包含宏观环境、产业层面和微观层面的可操作性指南，对于补贴政策的制定提供了参考。

第三，将熊彼特著名的创新假说拓展到补贴政策领域，以澄清政府资助具有垄断势力企业的理论基础与合理性。熊彼特认为垄断与技术创新有着密切的联系，市场集中度越高越有助于激励企业技术创新，但其创新假说并未涉及市场集中度如何影响补贴政策发挥激励技术创新的杠杆作用。本书基于战略性新兴产业的微观企业样本检验了市场集中度对于政府补贴发挥杠杆作用的机理，认为随着产业集中度的提高，产品市场的竞争程度也将随之减弱，但由企业技术创新所产生风险的可控程度却在加强，随之企业技术创新的动力和意愿也将增强，政府补贴会强化这种动机和意愿，从而推动企业的技术创新。以此澄清政府资助具有垄断势力企业的理论基础与合理性，同时为补贴政策的制定提供理论方面的支持。

第二章　理论基础与理论框架构建

纵观已有的研究文献，涉及政府补贴、技术创新、制度环境、公司治理、市场结构的理论较多。考虑到本书的研究对象和研究内容，本书选择制度经济学的制度变迁理论和公司治理理论、创新理论和产业生命周期理论作为解释依据。结合本书的研究内容，本章凝练了这些理论的核心思想，作为命题研究的理论支撑。新古典学派的创新理论为政府利用补贴手段调控和干预市场，解决技术创新活动中的市场失灵问题提供了理论基础。制度变迁理论、公司治理理论和熊彼特假说为构建研究政府补贴如何促进企业技术创新的理论框架提供了理论指导，因此，本书从宏观制度环境、中观市场结构和微观公司治理三个层次来构建研究的理论框架。同时，以产业生命周期理论为基础，提出了战略性新兴产业的补贴政策制定中必须兼顾产业的发展时期。

第一节　制度经济学的相关理论

20 世纪 60 年代以来，制度经济学在现代理论经济学中占据了重要的地位，它的两大发现“交易费用和产权”，为后续的理论研究打下来坚实的基础。随着后人的不断丰富和完善，形成了产权理论、交易成本理论、企业理论、制度变迁理论等经典理论，为分析和研究经济现象提供了理论基础。制度经济学强调制度因素的重要性，认为制度决定这一个国家的经济增长和社会发展。本书结合研究的视角和内容，选择以制度变迁理论和公司治理理论作为研究的依据。

一、制度变迁理论

制度变迁理论的涵义。美国著名经济学家诺斯 1971 年在《制度变迁与美国经济增长》中提出通过制度创新可以带动经济增长。他认为追求个人利益最大化是制度创新的动力，能使创新者获得更多利益的现存制度的变革，其实质是创新者利用制度的变革和创新，找到并抓住新的盈利模式和机会，从而实现收益的增长；创新的最终结果将带来制度的均衡。因此，制度变迁的过程是制度由均衡到创新，再由创新到均衡交替反复的过程。1990 年他在《制度、制度变迁与经济绩效》中系统分析了制度与变迁同经济增长的内在关系，由此获得了 1993 年的诺贝尔经济学奖，创立了制度变迁理论，开创性地引发了制度变迁理论的系统研究。

诺斯认为制度是一系列被制定出来的规则、守法程序和行为的道德伦理规范，它旨在约束追求主体福利或效用最大化利益的个人行为。变迁是指“制度创立、变更及随着时间变化而被打破的方式”。制度变迁是制度的替代、转换与变换的过程。作为替代过程是一种效益更高的制度替代原有制度，作为转换过程是一种更有效益的制度的产生过程，作为交换过程，即是制度的交易过程。制度变迁是新制度经济学研究的重点。

产权结构是制度经济学的重要内容。在诺斯看来，经济增长的关键必须要有有效率的经济组织，而在制度上的合理安排，明确产权关系才能产生有效率的组织。只有如此，才能产生一种激励效应，即有效率的产权能够促进经济的增长。然而，要想产生有效率的产权必须使其具有排他性，因此，界定明确的产权关系，有利于充分调动产权所有者参与经济活动的积极性。不明确的产权关系容易使产权所有者产生短期行为，抱有侥幸心理，对经济增长产生不利影响。产权对于经济增长的激励作用具体体现为：通过降低和减少交易费用，形成具有竞争性和高效率的市场；尽量降低市场信息的不对称性，并消除其所产生的不确定性，保证产权所有者能够获得稳定的预期收益，增加其参与市场经济的积极性；技术的变革和知识的创新给产权所有者带来极大的风险，必须想办法降低这种风险，使投资收益接近或高于社会的平均收益。因此，诺斯认为通过明确界定产权，可以减少不确定性，同时还需要根据现实情况进行适时的调整与变革，才能带来经济的增长。

诺斯指出国家通过制定制度，随之产生与其对应的产权结构，将决定这个国家经济的增长、衰退或停滞。国家理论解释了无效率产权结构的原因，并说明了国家兴衰的成因。国家模型中具备三个基本的特征才能成为效用最大化的国家统治：国家以被称为保护或公正的服务作为交换来获取收入；为了使国家收入得到最大化，将选民划分为不同的利益集团，针对每个集团的特点来设计产权；国家不仅面临内部潜在的竞争者，而且还要面对外部其他国家的竞争。同时，他还认为国家的目的有两个：为了使统治者获得最大化的租金，界定产权结构中相关的基本规则；通过降低交易费用使社会产出得到最大化，国家也就可以获得最大化的税收。但根据实践来看，这两种产权之间存在着持久的冲突。这种冲突成为经济不能持续增长的根源。国家可以通过制度设计来影响经济的增长，政府成为国家制度的设计和制定者，因此，必须发挥政府在制度变迁中的重要作用。

制度变迁理论在中国的实践。我国学者对制度变迁理论进行了系统的学习和研究。邹薇、庄子银（1995）以制度变迁的需求和供给主线，对制度变迁理论进行了批判和发展。孙良（2002）发现了我国研究制度变迁理论存在的问题，并试图解决中国制度变迁理论研究的内容和方向。随着对制度变迁理论研究的深入，学者们开始利用中国变迁理论来研究中国的现实问题，如赖婉英（2011）通过对制度变迁理论的分析，提出了中国改革过程中应注意的问题。

根据对制度变迁理论的分析，本书认为实现中国的经济增长，亟须建立和培育出一个完备的市场经济体系，必须推动市场化进程，建立良好的制度环境。在市场化进程中必须明确产权主体，保护创新主体的利益，充分发挥政府在制度变迁中的作用。就战略性新兴产业而言，制度变迁理论一直强调制度环境的优劣是决定一个产业能否快速发展的关键因素。在战略性新兴产业的发展中，适宜的制度能够支撑企业的技术创新，资金和技术的作用远不及良好的制度环境。相应的制度条件一定程度上决定了该国或地区的技术创新水平。不同的制度环境对技术创新的促进作用明显存在差异。良好的制度环境能够保障产权明晰，可以充分调动企业的创新积极性，提高企业的创新意识，促进企业技术创新。

二、公司治理理论

公司治理是通过一套包括正式的或非正式的、内部的或外部的制度（或机制）来协调公司与所有利益相关者之间的利益关系，以保证公司决策的科学化，从而最终维护公司各方面的利益。公司治理理论主要研究的是优化公司治理结构、解决公司治理中出现的问题等内容，系统性的研究开始于20世纪80年代。公司治理的研究主要从股权结构、企业内治理和企业间治理三个层面展开。对股权结构的研究主要集中于股权的分散或集中对企业效的影响；对企业内部治理的研究主要集中于股东与管理层的权利冲突以及公司管理层之间的协调问题；对企业间治理的研究主要集中于社会上利益相关者与公司绩效关系的研究。根据对公司治理的研究产生了代理理论、管家理论、利益相关者理论等理论，其中，代理理论在公司形成机制的研究中居于主导地位，利益相关者理论近年来被得到广泛认可，成为代理理论的重要补充。

（一）代理理论

代理理论的涵义。20世纪60年代末70年代初，经济学家们试图深入研究关于企业内部的风险分摊问题（Arrow，1971；Wilson，1968）。这些文献将风险分摊问题描述为合作各方对分队的不同态度。代理理论的引入扩大了这一支文献的研究，并将这一类问题归结为代理问题。代理问题主要存在于当合作各方具有不同的目标和分工时。更为一般化时，委托方将工作放权给代理方，代理方负责保障工作业绩。代理理论试图以合同的方式刻画这种关系。

代理理论致力于解决在代理关系中的两类问题。第一类代理问题是当委托人的目标和代理人不同或是委托人监督纠正代理人的行为成本很高时，如何保证两方的行为达到一致性，即所谓的逆向选择问题。第二类代理问题即风险分摊问题，由于委托人和代理人具有不同的风险偏好，他们的行为必然很难达到一致，即存在所谓的道德风险问题。代理理论的概述详见表 2. 1。

表 2. 1　　**代理理论概述**

关键思想	委托代理关系应能高效地组织信息并降低风险承担成本
分析单元	委托方和代理方之间的合约
人性假设	自利人；有限理性；风险规避
组织假设	参与人目标冲突；效率优先；委托人与代理人之间的信息不对称
信息假设	信息成为一种交易商品
合约问题	道德风险；逆向选择；风险承担
主要的问题	委托人与代理人之间风险偏好差异和目标的不一致

资料来源：来自于 Eisenhardt K M. Agency theory：An assessment and review [J]. Academy of Management Review，1989，14（1）：57-74.

代理理论的应用及分类。尽管代理理论的应用极为广泛，但其最为主要的舞台仍然是在对组织层次行为的解释。例如薪酬设计、并购和多元化战略、董事会关系、所有权和财务结构、纵向整合和创新等组织活动。总体而言，代理理论反映了在一个简单的合约中具有不同行动目标和风险偏好的代理双方的行事关系。

与此同时，自发源于信息经济学后，代理理论形成了两条主要的分支：实证代理理论和委托代理理论（Jensen，1983）。两条分支仍然以代理合约作为基本的分析单元。当然，他们也共享对合约参与人、组织和信息的假设。不过，他们具有不同的数学严谨度、不同的因变量以及不同的研究范式。

实证代理理论。实证代理理论主要关注于识别委托人和代理人可能存在目标冲突的情形以及提供最小化代理人自利行为的管理机制。相较于委托代理学派，实证代理学派更少应用数学模型。同时，在绝大多数情况下，实证代理学派主要关注于大型上市企业中的所有者与经理人的委托代理关系的研究。

Jensen、Meckling（1976）刻画企业的所有权结构，包括经理人的所有权益以及如何将经理人利益与企业所有者利益协调一致。之后，Fama、Jensen（1983）将大型公司的董事会视为一个信息系统，这其中股东利用董事会对高管的机会主义行为进行监督和规避，他们强调了董事长在其中的重要作用。

从理论视角来看，实证代理理论主要关注于对管理机制的刻画，以求解决代理问题。这其中，两种方式的合约被实证代理学派视为能够有效缓解代理问题的管理机制。一是基于产出水平的合约能够有效地抑制代理人的机会主义行为。这种合约能够合理协调委托人和代理人的目标冲突，从而使其达到行为一致的目的。因此，委托人和代理人之间的自利行为将会得到有效缓解。例如，Jensen、Meckling（1976）就发现，增加管理者的企业所有权将有效抑制管理者的机会主义行为。第二种合约方式就是加入信息共享以减少代理人的机会主义行为。这一观点认为，一旦信息系统能够使得委托人清楚地知道代理人的行为时，就会减少代理人的机会主义行为。因为代理人此刻已经意识到，他不可能欺骗委托人。例如，Fama（1980）刻画了有效的资本和劳动市场上对抑制管理者的机会主义行为的信息效应。

委托代理理论。委托代理理论可以应用于雇主和工人、律师与客户、买者与卖者以及其他许多代理关系中。这一理论的一个特点是委托代理理论的分析框架中引入了许多特定的前提假设，以方便进行逻辑推理和数学证明。

相较于实证代理理论，委托代理理论更加精简和数学化，因此，对于组织研究者而言可能更为复杂和不易入手。确实，绝大多数对代理理论的评论都聚焦于更为熟知的实证代理理论。然而，委托代理理论的应用也更为广泛，其启示也更为有趣。相较之下，实证代理理论往往限定在大型企业中所有者和管理者关系的探讨中，这使得委托代理理论的研究结论往往更具有包容性。

实证代理理论识别不同的代理合约，委托代理理论确认在不同情境下（例如，不同的产出不确定性、不同的风险偏好、不同的信息水平等）合约的最优性。

实际上，委托代理理论关注的焦点就是如何设计最优的合约，是行为导向还是结果导向。在最为简单的委托代理模型中，往往包含了双方相互冲突的目标、较为容易被测量的产出，以及一个较委托人更规避风险的代理人。当然，这种模型还可能存在更多的情形假设。例如，委托代理双方具有完全的信息，即双方都知道对方的行动。或是委托人并不完全知晓代理人的行为，此时代理人可能并不会按照事先达成的协议行事，即可能产生道德风险。

综上，技术创新活动是企业核心竞争力的源泉，是企业取得市场竞争地位的法宝。但技术创新活动具有风险大、周期长、投入大等特点，使得技术创新活动存在着较高的技术和市场等风险。技术创新的企业有可能由于资金短缺而造成创新失败的风险，也可能存在由于技术的无法预知性导致创新不能成功的风险，还可能存在创新的成果不被市场接受，或者难以满足消费者的要求，或者创新的成果被同行或竞争者盗取和模仿等风险。这些风险的存在使得不同的决策者所持有的风险偏好不同，对企业技术创新活动的态度也不同。股东是公司的所有者，经理人是公司的经营者，他们的风险偏好的差异直接导致代理问题非常的突出。经理人对技术创新活动的参与意愿不强，不愿承担过多的风险，更容易导致在技术创新活动中，股东与经理人之间的信息不对称性，即使获得了一定的政府补贴，为了短期利益也容易出现“挪作他用”的现象。代理问题的出现，成为干扰政府补贴发挥作用的重要因素。股权结构是公司治理中的决定性因素，优化的股权结构能够较好地解决代理问题的出现。通过制度的优化，股东也能够更好地掌握全面的行业和公司等信息，规避经理人的风险偏好问题，做出较为正确的研发决策，从而促进企业的技术创新。

（二）利益相关者理论

利益相关者理论的涵义。1963 年斯坦福研究院首次提出了利益相关者的定义，成为了学术界广泛关注的问题。Freeman（1984）较完整地提出了利益相关者的概念，成为利益相关者理论最早的倡导者之一。他认为，一个组织目标的实现将受到实施过程中的所有相关的个体和群体的影响，包括所有者、顾客、雇员、供应商、外部变化、政府、竞争者、消费者利益鼓吹者、环保主义者、特殊利益团体等。Darkson（1995）则将利益相关者划分为两类，即主要和次要利益相关者。主要利益相关者包括股东、雇员、顾客、供应商和提供基础设施及市场的政府和社会，他们将对企业的生存和发展产生关键性的影响；次要利益相关者包括环保主义者、特殊利益集团等，他们不直接参与企业的经营活动，因此他们对于公司的生存和发展不能产生根本性的影响。Donaldson、Preston（1995）认为利益相关者理论明确地或隐含地包括了三种类型的理论，即描述性（经验性）、工具性和规范性理论。其中，描述性（经验性）模式倾向于描述或解释企业或管理者的实际行为方式；工具性模式倾向于描述企业或管理者以特定方式行事而可能产生的结果；而规范性模式则关注于企业和管理层行为的道德适当与否。

利益相关者理论与企业的技术创新。随着对于利益相关者理论的进一步认识，学术界开始基于利益相关理论研究企业的技术创新，取得了初步的成效。Elias 等（2002）首次利用利益相关者方法研究企业技术创新，通过对某研究项目的案例研究，发现了该项目的利益相关者，并对其发挥的作用进行了详细的描述；Wong（2005）对软件开放项目进行案例研究，详细梳理软件开发质量评价中的利用相关者，并分析了其发挥的作用及利益的冲突，对构建软件开发的评价框架具有重要的价值。整体来说，这些研究以个案为基础，存在系统性及研究方法等方面的不足。在这些研究的基础之上，盛亚首次较为系统、全面地研究了技术创新过程中的利益相关者，提出了技术创新活动中的十大利益相关者。盛亚（2006）以利益相关者理论为解释依据，探讨了企业技术创新的产权主体。盛亚、单航英等（2007）基于利益相关者理论，以杭州新中大软件股份有限公司为例，提出了企业创新管理的分类管理模式。盛亚、单航英（2008）利用调查问卷的数据，实证检验了利益相关者与企业技术创新的绩效关系，提出了建立创新网络、加强创新的分类管理等政策建议。随着研究的深入，学者们在创新政策的制定中也逐步引入利益相关者的概念，如陈剑平、盛亚（2014）采用演绎和归纳的方式，尝试性地利用利益相关者理论来论证“创新政策中为什么考虑利益相关者”、“如何描述创新政策中利益相关者的主体与异质性”以及“创新政策如何通过利益相关者发挥政策激励作用”，丰富了创新政策设计的理论与方法。

综上，随着利益相关者理论的发展，其已逐渐成为公司治理理论的重要内容。随着研究的深入，利益相关者理论已逐步成为指导企业技术创新政策的理论基础，尤其为政府引导企业技术创新提供了理论支持。政府作为企业技术创新的利用相关者，可以通过项目支持、评奖、补贴等方式，激励企业的技术创新，促进经济的增长。

第二节 创新理论

创新对于经济增长具有至关重要的作用，因此，创新成为研究的焦点问题。创新理论主要研究政府如何根据社会、经济和技术发展的情况来制定创新政策，以此促进创新和经济增长。随着经济社会的发展，创新理论不断发展和完善，可以将创新理论划分为新古典学派的创新理论、熊彼特学派、国家创新体系学派和制度创新学派。根据各学派的理论观点，结合本书的研究视角，本书选取熊彼特假说和新古典学派的创新理论作为理论支撑。

一、熊彼特假说

熊彼特假说的提出。著名的经济学家熊彼特于 1942 年就市场结构、企业规模和企业创新能力之间的关系提出了相关的假设，即所谓的熊彼特假说。实质上，这一假说包含两个子假说，分别是熊彼特假说一：相对于那些小规模企业来说，规模较大的企业在研发创新上更有优势；以及熊彼特假说二：在那些市场集中度越大的行业中，企业的创新效率越高。熊彼特认为，由于创新活动需要投入很多前期成本，且其产出具有高度的不确定性，因此，只有大规模的企业才能够承担这些前期成本。同时，也只有在那些市场集中度大的行业中，少数的领头企业才具有较强的市场势力，能够有效地保护企业的创新产出。因此，在极端的情况下，熊彼特认为完全垄断市场中的企业为不断攫取高额的垄断利润，有动力和能力进行创新投入。

不过，阿罗（1962）在此之后提出了不同的观点。他认为，竞争行业会比垄断行业具有更强的创新激励因素。由此，他断定垄断除了造成静态福利损失外，还可能延缓技术进步。实质上，至少可以从竞争所带来的知识溢出效应来证明竞争行业比垄断行业具有更大的创新动力。一般而言，竞争性的行业中企业的数量更多，企业之间的创新活动会很容易为其他企业所模仿，这也进一进降低了行业进入的壁垒，使得大多数企业的模仿创新活动更为活跃（Martinn，2002；Lee，2005）。

企业创新的度量。在验证熊彼特假说时，学者们并未得到一致的结论。更为棘手的问题是，人们对创新的度量也是莫衷一是。由于创新活动的周期较长，投入方式多种多样，且不同创新产出的经济价值并不一致，这使得如何找到创新的有效度量成为研究中遇到的一大难题。

（1）企业规模与创新。对企业规模和创新能力关系的实证研究主要是利用一个或多个行业的企业数据来探究创新活动和企业规模两个代理变量之间的关系。在这种关系的探讨中，其一个前提假设就是企业的规模是外生给定的。然而，很明显，创新活动影响企业的成长，那也就必然影响企业的规模。因此，企业第 T 年的创新活动必然受到其第 T-1 年规模的影响（Scherer，1992）。因此，如果创新活动受到一些难以观察的共性因素的影响，而企业规模也同时受到这些因素的影响的话，那么直接利用企业规模对其创新能力进行线性回归时，必然会导致估计结果产生偏差。不过，对此批判的一个回应是，由于创新活动对企业规模的影响可能在滞后许多年后才可能产生，因此，这一内生问题可能并不严重。即企业规模对其创新能力和企业创新能力对其规模的影响的时间效应是不对称的。

在考察两者关系的计量研究中的另一个问题是需要控制产业效应（Cohen & Levin，1989）。因为企业规模可能与产业层面的因素高度相关，例如技术的可获得性，这会正向影响企业的创新活动。因此，在探索企业规模与其创新能力关系的过程中，对行业效应的控制能够有效地减少估计结果的偏误。然而，在现实中，这又往往很难做到。因此，对于大企业而言，它们往往实行多元化的发展战略，其业务往往横跨多个产业。

在其两个较有影响的研究中，Scherer（1965）利用美国 500 家最大工业企业中的448家企业样本，将企业的研发人员密度和专利数量作为对企业创新的测量，分别在全样本、不考察产业效应和不同子样本中对企业的销售收入进行回归。结果表明，研发人员密度和销售收入（企业规模）在全样本和大多数子样本（化工行业除外）中呈现倒U型的关系。在此之后，众多的研究者对两者的关系进行了检验，所得的结论也不尽一致。

（2）市场结构与创新。我们再来转向有关创新和市场结构关系的文献。在这一领域的研究中，许多学者均利用单方程模型来将一些创新投入或产出的变量与市场集中度的变量联系起来。这种方法的一个严重问题就是市场集中度可能存在明显的内生性问题。长期以来，许多学者都认为市场结构和创新并不存在单一方向的因果关系，市场结构也会受到创新活动的影响。不失一般性，两者都内生取决于一个复杂系统中的许多其他变量。为解决这一问题，一些学者在回归方程中引入工具变量，而另一些学者则采用联立方程模型来同时考察两个方向的影响。

计量检验中的另一个问题亦与产业特征有关，即对市场结构和创新活动关系的简单检验会导致偏误的产生。因为直接影响市场结构的行业特征也会对创新活动产生影响。大量的研究中都控制行业的技术特征。然而，当把技术可得性视为外生给定时，技术产出的回报条件又可能难以保证其外生性。例如，当我们认为市场势力较大的企业可能有更多的创新活动时，是假定由于大企业能够更加容易地占有创新活动的回报。

最后，熊彼特假说认为市场势力与创新存在着显著的正相关关系，这使得绝大多数的文献也在侧面证实了另一个命题，即创新应该在市场集中度更高的行业中更为活跃。这意味着，市场势力（如边际利润或市场份额）在高度集中的行业中更大。但是，在市场结构被视为内生变量的框架之中，这并不是显然存在的。例如，有证据表明，更为激烈的竞争可能导致更高的市场集中度（Sutton，1991；Symeonidis，1995）。

因此，市场结构也就是市场集中度是影响企业技术创新的重要因素，市场集中度越高，少数的领头企业就具有较强的市场势力，能够有效地保护企业的创新产出，更加容易地占有创新活动的回报，才能更好地促进技术创新。

二、新古典学派的创新理论

新古典学派的创新理论的理论研究主要是围绕“市场失灵”这一经济现象展开的，其认为创新也是影响经济增长的一种重要生产要素。该理论认为技术创新和其他生产要素，如资本和劳动力等，在影响经济的发展过程中发挥了同等重要的作用。技术创新作为一种变量可以被纳入经济增长模型中，是可以被测度的，并发现其对经济的增长具有较大的推进作用。在研究技术创新对经济的增长作用的过程中，新古典学派对于政府在技术创新过程中的作用也进行了深入研究，认为政府的干预不但能够促进技术创新，也可以带动经济增长。新古典学派的创新理论不仅在经济增长模型中添加了技术创新的变量，找出了技术创新对经济增长发挥的重要作用，而且提出了政府在技术创新中的作用。

新古典学派以索洛为代表，将技术创新这一生产要素作为经济增长的内生变量，建立了著名的索洛技术进步模型，专门研究技术进步能否促进经济增长以及产生了怎样的贡献率。1957 年索洛对美国 1909—1949 年非农业部门的劳动生产率发展情况进行了实证研究，发现技术进步对于劳动生产率的提高发挥了重要作用。在研究的过程中，索洛发现技术创新由于过程复杂，时间较长，风险较大，创新的收益却容易出现非独占性，产生了市场的失灵。因此，适当的政府干预才能纠正市场的失灵，激励企业参与技术创新活动的积极性，从而带动经济增长。新古典学派研究了技术进步对经济增长的作用，并发现了政府在技术创新中的重要作用，并对此进行了更加深入的研究，发现技术创新存在天然的不确定性，市场对技术创新的调节极易出现失效，造成资源配置的效率低下，出现市场失灵的问题，这时政府必须适时采用金融、税收、政府采购等手段，利用扶持之手、干预之手对技术创新活动进行调控。只有这样，技术创新才能具有活力，才能更好地发挥经济的带动作用。

新古典学派的创新理论为政府调控和干预市场、解决技术创新活动中的市场失灵问题提供了理论基础。技术创新活动具有天然的属性，如风险大、研发时间长、资金投入大。战略性新兴产业知识技术密集，技术创新活动频繁。政府必须运用补贴等手段，纠正市场失灵，提高资源的配置效率，促进企业的技术创新。然而，在补贴的过程中，由于信息不对称等原因产生了在政策实施过程中的负面作用。因此，如何发挥政府补贴的杠杆作用，促进企业的技术创新，必须进行深入的研究。

第三节 产业生命周期理论

一、产品、企业和行业的生命周期

生命周期的概念来自于组织生态学，而将生命周期的概念覆加于产品、企业或行业时，亦是一种仿生学的应用。一般而言，无论是产品、企业还是行业，我们均认为其从产生到发展到消失的有规律性的阶段性现象就是其生命周期的表现。正是在对产品和企业生命周期大量研究之后，人们才开始对产业的生产周期的规律有所了解。因此，产业生命周期理论是在实证基础上对其进行研究的现代产业组织学重要分支之一。

众所周知，一种新的产品投入市场后，可能面对不同的消费需求。那些需求较小的新产品，由于企业无法承受成本压力就可能直接退出市场，这样的产品夭折是很正常的现象。不过，企业新产品的推出毕竟是其经过大量的市场调研后的行为，因此，大部分新产品还是能够不断获得更多消费者的青睐，使其销量不断增加。当然，这种销量的增加会随着大量竞争企业的进入而减缓。竞争企业的出现会导致又有新产品出现，企业自身也有动力来更新自己的产品。因此，企业的新产品会在一段时间后逐渐被竞争对手或自身的新产品所替代，最后退出市场。这个过程即是典型的产品生命周期。大多数研究表明，如果以时间为横坐标，以销售额或是销售利润额为纵坐标，企业的产品生命周期将呈现为一条近似 S 形的曲线。

当然，产品生命周期的完结并不代表着企业运营的结束。现代企业往往具有不同的产品线，或是多元化的发展战略。这使得其一款产品在市场竞争上的失败并不会影响其长期的存续。然而，随着市场竞争的不断加剧，企业的主营业务会受到越来越多的压力。如果将企业看做不同类型产品的生产机器时，在技术不断更新换代的过程中，企业在对技术更新速度的掌控过程中，可能会做出滞后于技术的决策和判断，这会导致其逐步落后于竞争对手，从而退出产业的竞争。这也即为企业生命周期的完结。

行业即为大量生产同类产品的企业的集合。最初，会存在行业的领导企业由于一项技术的变革催生了该行业的现象。于是，之后会有大量其他企业开始生产同类型的产品，从而使得该行业开始成熟，之后竞争开始加剧，出现所谓的行业振荡，少量具有竞争力的企业留存下来。不过，这样的太平盛世往往并不会维持太久，因为技术的革新会打破这种制衡关系，使得少数大企业转型，开始进入新的产业，旧产业逐渐被淘汰或是升级。

总体而言，技术进步，是推动产品、企业和行业生命周期的原始动力。正如熊彼特的破坏性创新所言，产品、企业和行业的生命周期都是在这种破坏性创新的推动下开始一个个新的生命周期，三者的层次不同，但三者的生命周期又紧密地联系在一起，互相推动。

二、产业生命周期的内涵与特征

产业生命周期指产业从产生到衰亡具有阶段性和共同规律性的厂商

行为（特别是进入和退出行为）的改变过程，是从产业出现到完全退出社会经济活动所经历的时间。一般人们将这个过程分为四个阶段：初创阶段（形成期）、成长阶段（成长期）、成熟阶段（成熟期）和衰退阶段（衰退期），如图 2. 1 所示。

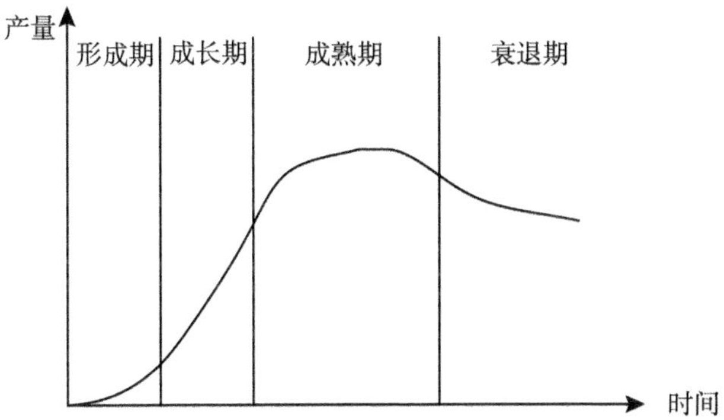

图 2. 1　产业生命周期曲线

产业生命周期的不同阶段存在不同的演进特点和机制，如表 2. 2。在产业生命周期的形成期，率先进入的企业数量较少，产品的研发费用较高，产品技术不成熟、性能不稳定；产业进入的壁垒较低，竞争程度较弱，但面临的风险极大；企业依靠广告、改进产品等策略取得竞争地位。进入成长期，随着消费者对产品的认可，需求量逐步增加，企业数量逐渐增多；产品技术提高，企业生产成本降低，价格大幅下降；产业进入的壁垒仍然较低，企业依靠增加研发投入、提高生产技术取得竞争地位。到了成熟期，少数大企业垄断了整个市场，产业集中程度提高，企业数量逐渐减少；产品技术已经成熟，价格趋于稳定；产业进入的壁垒较高，企业依靠低成本等策略取得竞争优势。衰退期的市场需求饱和，产业利润大幅度下降，原产业内的企业逐渐退出，转投其他具有良好前景的产业，产业规模降低。

表 2.2 产业生命周期的特征

特征	形成期	成长期	成熟期	衰退期
价格	高	大幅下降	趋于稳定	价格战
厂商数量	稀少	增多	减少	减少
进入障碍	核心技术	品牌忠诚度	策略性行为	无
竞争	广告、改进产品	强度减弱	低成本、品牌忠诚度	强度增加

三、产业生命周期与创新的关系

正如 Steven Klepper（1992）所强调的那样，对产业的生命周期的构成可能存在着不同的解读。例如，Oliver Williamson（1975）就将产业的生命周期描绘为三个阶段：早期探索阶段、中间发展阶段和成熟阶段。早期的形成阶段主要是新产品相关的供给，包括初始设计、相容设备的生产和市场化推行技术等。在这一阶段，产量会很小，具有高度的不确定性。在中间发展阶段，生产技术变得更加先进，市场也被进一步打开，对产品的认知度提升，这导致产量迅速增加。第三个阶段则是产业的成熟阶段。管理、生产和营销技术都已经达到比较稳定和成熟的水平。市场可能在继续增长，但是这种增速变得可以预测和稳定。在这一阶段，重大的创新将很少出现，主要是一些细微的改进。

之后，Gort、Klepper（1982）和 Klepper、Graddy（1990）考察了 46 个在过去一个世纪推出的新产品，他们发现，产业内部的企业数量在最开始的大量增加之后出现了一个迅速的回降，他们将其称为产业重组(Shakeout)。Klepper、Graddy（1990）发现，产业内企业的数量会在产业重组过程中减少超过一半左右。这些研究均发现，在产业形成的初期，新企业的进入数量达到最大值，之后这种增速停止并开始减少，甚至在产业成熟之前，企业数量的减少已经开始。Klepper、Miller（1995）所描绘的产业重组阶段主要发生在产业内部新进入的企业开始减少之后。新进入企业数量的急剧减少和大量的已进入企业退出产业，导致产业内部只剩下少量的一些企业。这就进入了产业的成熟衰退时期。

Klepper（1992）也强调，在产业生命周期中，创新活动也遵循着同企业数量类似的规律。特别地，Klepper（1992）结合产品的生命周期也定义了三个阶段的创新活动模式。在生命周期的早期阶段，创新活动非常活跃。在成长阶段，大量新进入的企业各自引入不同的创新产品。最后，随着生命周期进入成熟阶段，全新活动将会出现一个显著的拐点，主要的创新活动将会由已进入的企业完成。

因此，Klepper（1992）的一个重要结论就是，产业生命周期由一系列不同的产业现象构成，包括创新活动的本质。特别是在产业生命周期的早期阶段，有着大量的创新活动和新建的、小规模企业。而在成熟阶段，产品的创新活动则倾向于减少，而已经建成的大企业将主要完成创新活动。因此，产业生命周期的早期阶段与 Sydney G. Winter（1984）的创业技术导向相对应。所谓的创业技术导向是指有利于新进入者创新而非有利于已进入的大企业创新。类似地，产业生命周期的成熟阶段则对应于 Winter（1984）所提出的常规技术导向，在这种情形下，在位的大企业往往具有创新优势，而新进入者则往往不具有这种优势。

国内对于产业生命周期的研究开始于 20 世纪 80 年代，但对于产业生命周期与创新的研究则刚刚起步。魏世红、谭开明（2009）分析了高技术产业生命周期的特点，研究了技术效率促进高技术产业循环发展的机理，认为技术效率在高技术产业的成长期和成熟期发挥着重大作用，促进了高技术产业的发展，延长了产业生命周期，而在形成期和衰退期发挥了较小的作用。之后，王敏、方荣贵（2013）以半导体产业为例，研究了处于不同产业生命周期阶段不同共性技术的供给模式，认为在产业发展的形成阶段，政府专项计划和非营利性研发机构成为关键性共性技术的提供者；在产业成长阶段，科研机构成为基础性共性技术的提供者；在产业成熟阶段，产学研合作成为一般共性技术的供给方式。花磊、王文平（2013）采用仿真的方法研究了不同的产业生命周期阶段，哪种类型的集体创新网络结构能够最有效地产生创新行为，认为不同的产业和产业发展的不同阶段都需要制定不同的创新政策。

战略性新兴产业在我国的发展刚刚起步，各细分产业基本处于形成期和成长期，因此，应结合各个细分行业的特点制定相关的创新政策。着眼目前，政府补贴是推动战略性新兴产业企业技术创新的必要手段，但当一个产业逐渐发展成熟向新的生命周期迈进的时候，需要考虑政府补贴政策的退出。也就是说，对于处于形成期和成长期的产业给予补贴政策的扶持，而当产业进入成熟期以后要减少补贴手段的干预。一旦产业进入衰退期，政府补贴政策必须坚决退出。

第四节　本书理论分析框架

新古典学派的创新理论为政府调控和干预市场、解决技术创新活动中的市场失灵问题提供了理论基础。技术创新活动具有天然的属性，如风险大、研发时间长、资金投入大。战略性新兴产业知识技术密集，技术创新活动频繁。政府必须运用补贴等手段，纠正市场失灵，提高资源的配置效率，促进企业的技术创新。然而，在补贴的过程中，由于信息不对称等原因产生了在政策实施过程中的负面作用。因此，如何发挥政府补贴的杠杆作用促进企业的技术创新，必须进行深入的研究。制度变迁理论、公司治理理论和熊彼特假说为构建研究政府补贴如何促进企业技术创新的理论框架提供了理论指导，因此，本书从宏观制度环境、中观市场结构和微观公司治理三个层次来构建研究的理论框架，如图 2. 2 所示。但如何对宏观**制度环境**、中观**市场结构**及微观**公司治理**进行度量成为本书要解决的关键性问题。

根据前文文献的研究，本书**利用市场化进程来表征地区的制度环境，利用产品市场竞争来测度市场结构，利用股权集中度指标来反映公司治理情况。**因此，本书基于战略性新兴产业的微观数据研究了市场化

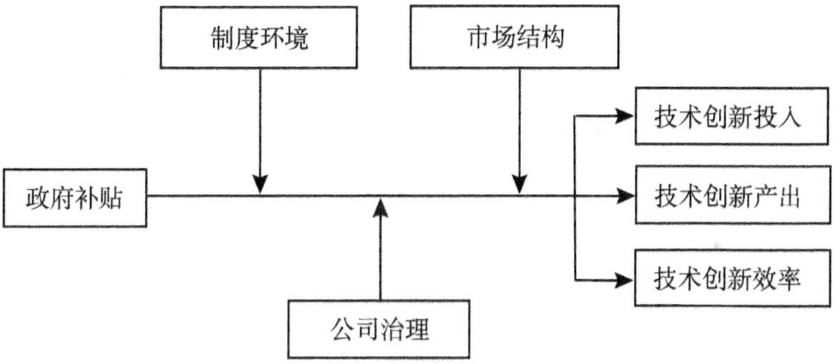

图 2.2　本书理论框架

进程不同的地区、产品市场竞争不同的产业以及股权集中度不同的企业，政府补贴对企业技术创新的作用机理。然而，在实证的研究中对技术创新的测度也成为要解决的重要问题。通过前文的文献研究，发现基于企业层面，从 R&D 投入产出的角度研究技术创新得到了较多学者的支持。本书结合战略性新兴产业研究的现实情况，**采用技术创新投入、产出和效率三个维度来测度企业技术创新。**

第五节　本 章 小 结

本书首先阐述了制度经济学中的制度变迁理论和公司治理理论。制度变迁理论认为制度创新能够推动经济增长，强调制度环境的优劣是决定一个产业能否快速发展的关键因素。介绍了公司治理理论中的代理理论和利益相关者理论的核心思想。代理理论认为股东是公司的所有者，经理人是公司的经营者，他们的风险偏好的差异直接导致代理问题非常突出。因此，解决代理问题的关键在于公司治理，优化的股权结构能够规避经理人的风险偏好问题，有利于其做出正确的研发决策。利益相关者理论认为政府也是企业技术创新的利用相关者，可以通过项目支持、评奖、补贴等方式，激励企业的技术创新，促进经济的增长。其次，回顾和梳理了创新理论中的熊彼特假说和新古典学派的创新理论。熊彼特认为垄断是创新自然滋生的基础，在市场集中度越大的行业中，企业的创新效率越高。新古典学派的创新理论为政府调控和干预市场、解决技术创新活动中的市场失灵问题提供了理论基础。

本章最后介绍了产业生命周期理论，认为不同的产业和产业发展的不同阶段都需要制定不同的创新政策。

第三章　我国战略性新兴产业的补贴政策及技术创新发展现状

战略性新兴产业是以重大技术突破和重大发展需求为基础，知识技术密集，物质资源消耗少，成长潜力大，综合效益好，对经济社会全局和长远发展有重大引领带动作用的产业。2010 年 10 月 18 日国务院发布了《关于加快培育和发展战略性新兴产业的决定》（以下简称《决定》），确定七大产业作为战略性新兴产业进行重点培育和扶持。为了促进战略性新兴产业的发展，国家颁布了相关的补贴政策，各级政府给予了企业各种形式的补贴，部分企业也获得了高额的补贴资金。但企业的技术创新能否得到了有效的提高？政府补贴激励企业技术创新的杠杆作用是否充分发挥？本章整理出我国各级地方政府部门发布的补贴政策，以及部分政府部门投入的补贴资金，发现政府补贴已经成为推动战略性新兴产业发展的重要手段，同时总结出战略性新兴产业的重点发展方向，为后续战略性新兴产业的企业分类及制定选取标准提供依据。通过梳理战略性新兴产业各细分产业的发展情况和战略性新兴产业企业技术创新的现状，总结出企业技术创新的特点，为后续实证研究奠定了基础。

第一节 我国战略性新兴产业的发展概况

一、战略性新兴产业的重点发展方向

根据国务院《决定》，2012 年国家发改委会同有关部门研究起草了《战略性新兴产业重点产品和服务指导目录》，确定了重点的发展方向，将战略性新兴产业的具体内涵进一步细化，如表 3.1 所示。该目录详细提供了细分战略性新兴产业的依据，为本书选取上市公司样本提供了参考。

表 3.1 战略性新兴产业重点发展方向

产业类别	细化分类	重点发展方向
节能环保产业	高效节能产业	高效节能锅炉窑炉、电机及拖动设备、余热余压余气利用、高效储能、节能监测和能源计量、高效节能电器、高效照明产品及系统、绿色建筑材料、节能交通工具、用能系统优化、节能管理与服务、采矿及电力行业高效节能技术和装备、其他节能技术
	先进环保产业	水污染防治、大气污染防治、土壤污染治理与修复、垃圾和危险废物处理处置、减振降噪设备、环境监测仪器与应急处理设备、控制温室气体排放技术、新材料与药剂、环保产品、环保服务、智能水务、海洋水质与生态环境监测仪器设备、海洋环境保护与生态修复技术及装备
	资源循环利用产业	矿产资源综合利用、固体废物综合利用、建筑废弃物和道路沥青资源化利用、餐厨废弃物资源化利用、汽车零部件及机电产品再制造、资源再生利用、非常规水源利用、农林废物资源化利用、资源循环利用服务

续表

产业类别	细化分类	重点发展方向
新一代信息技术产业	下一代信息网络产业	网络设备、信息网络设施、新一代信息终端设备、下一代信息网络安全防护产品
	电子核心基础产业	集成电路、新型显示器件、新型元器件、数字视听与数字家庭产品、广播电视制播设备、关键电子材料、电子专用设备仪器
	高端软件和新兴信息服务产业	软件及应用系统、信息技术服务、电子商务服务、公共事业信息服务、数字内容服务、网络与信息安全服务
生物产业	生物医药产业	新型疫苗、生物技术药物、化学药品与原料药制造、现代中药与民族药、生物分离介质与药用辅料、海洋生物医药、生物医药服务
	生物医学工程产业	医学影像设备、先进治疗设备、医用检查检验仪器、植介入生物医用材料
	生物农业产业	生物育种、生物农药、生物肥料、生物饲料、生物兽药及兽用生物制品疫苗
	生物制造产业	生物基材料、生物化工产品、特殊发酵产品与生物过程装备、海洋生物活性物质及生物制品
高端装备制造产业	航空装备产业	民用飞机（含直升机）、航空发动机、航空设备及系统、航空材料、航空维修及服务业
	卫星及应用产业	空间基础设施、卫星通信应用系统、卫星导航应用服务系统、卫星遥感应用系统
	轨道交通装备产业	铁路机车车辆及动车组制造、铁路专用设备和配件制造、城市轨道车辆制造内燃机及配件制造、电动机制造
	海洋工程装备产业	海洋工程平台装备、海洋工程关键配套设备和系统、海洋工程装备服务、海洋环境监测与探测装备、海洋能相关系统与装备
	智能制造装备产业	智能测控装置、关键智能基础零部件、重大智能制造成套装备

续表

产业类别	细化分类	重点发展方向
新能源产业	核电技术产业	先进核电工程技术、核燃料加工设备制造、核电站设备及零部件制造
	风能产业	风力发电机组、风力发电机组零部件制造、风电场相关系统与装备、海上风电相关系统与装备、智能电网
	太阳能产业	太阳能产品、太阳能生产装备、太阳能发电技术服务
	生物质能产业	生物质能、生物液体燃料、其他新能源
新材料产业	新型功能材料产业	新型金属功能材料、新型功能陶瓷材料、稀土功能材料、高纯元素及化合物、表面功能材料、高品质新型有机活性材料、新型膜材料、功能玻璃和新型光学材料、电子功能材料、生态环境材料、新型能源材料、高品质合成橡胶、高性能密封材料、新型催化材料及助剂
	先进结构材料产业	高品质特种钢铁材料、高性能有色金属及合金材料、新型结构陶瓷材料、工程塑料及合成树脂
	高性能复合材料产业	高性能纤维及复合材料、金属基复合材料和陶瓷基复合材料
新能源汽车	纯电动汽车和插电式混合动力汽车	新能源汽车产品、新能源汽车关键总成、储能系统、驱动电机系统、电控系统、新能源汽车电动附件、新能源汽车配套装置、新能源汽车试验检测装置、新能源汽车动力电池回收及再制造技术装备

二、各细分产业的发展概况

(1) 节能环保产业。随着我国工业化进程的逐步推进，环境问题日益突显，人们对环境的要求也越来越高，政府对于环境保护高度重视。2012 年国务院颁布《“十二五”节能环保产业发展规划》要求，到2015年末，高效节能技术的市场占有率要提高25%左右，产值要达到5千亿元。环保装备产值要超过5千亿元，环保材料产值要超过1千亿元，有关环保的关键材料基本可以实现产业化。2013年国务院颁布的《关于加快发展节能环保产业的意见》要求，节能环保产业年均增速15%以上，到2015年，总产值达到4.5万亿元，形成新的支柱和主导产业。在政策的持续推动下，我国节能环保产业发展迅速。2013年节能服务产业的总产值从2010年的836.29亿元增长到2155.62亿元，增幅为157.8%，平均年增幅37%，合同能源管理投资从2010年的287.51亿元增长到742.32亿元，增幅为158.2%，平均年增幅37.6%，如表3.2所示。中商情报网数据显示，2012年中国环保产业产值突破15000亿元，同比增长16.7%，比2008年7000多亿元增长了1倍多。截至2013年底我国资源循环利用产业年产值超过1万亿元，就业人数超过2000万人，资源产出率显著提高，循环型的工业、农业和服务业体系已初步构建，其已成为新的经济增长点。

表3.2　**2010—2013年节能服务产业发展情况**

	总产值（亿元）	合同能源管理投资（亿元）	节能标准煤（万吨）	减排二氧化碳量（万吨）	企业数量（家）	从业人数（万人）
2010	836.29	287.51	1064.85	2662.13	1342	17.5
2011	1250.26	412.43	1648.39	—	3900	37.8
2012	1653.37	505.72	1774.46	4430	4175	43
2013	2155.62	742.32	2559.72	6399.31	4852	50.8

数据来源于中国节能服务产业发展报告和前瞻产业研究院发布的数据。

（2）新一代信息技术产业。随着人们日趋重视信息在经济生活中的应用以及信息技术获得重大突破，新一代信息技术的发展得到了人类的高度关注。新一代信息技术产业在我国也得到了平稳的发展，其重点的发展方向为下一代信息网络产业、电子核心基础产业、高端软件及新兴信息服务产业。2013 年该产业的平均增速为 13.5%，云计算、大数据和移动互联网等增长迅速，数据处理、信息技术咨询服务和运行服务均取得了 30%以上的增长，并带动软件业务同比增长 24.6%。同时，我国主导的 4G 技术逐渐成熟，带动通信设备制造业主营收入同比增长 20.2%。在大中城市，平板电脑、智能手机和智能电视拥有率已达 80%（数据来源于中投顾问发布的新一代信息技术产业调研报告）。

（3）生物产业。近年来，在全球范围内生物产业呈现了较快的发展态势，主要发达国家和新兴经济体都将该产业的发展视为一项重要的战略任务。我国为推动生物产业的健康发展做出了极大的努力，取得了瞩目的成绩。2011 年实现总产值约 2 万亿元，年均增速 22.9%，部分细分产业也已具有了一定的规模，如生物医学工程、生物农业和生物制造等。2012 年 12 月国务院发布了《生物产业发展规划》，要求生物产业总产值的增速每年保持在 20%以上，到“十二五”规划末，生物产业增加值占国内生产总值的比重比“十二五”规划初期增加一倍，工业增加值的比率明显提高，到 2020 年，该产业发展成为我国的支柱和主导产业。

（4）高端装备制造产业。高端装备制造是战略性新兴产业的代表，高水平的新颖技术是其显著的特点，该特点使其屹立于核心产业链顶端，并决定着整个产业最终竞争力的大小，是推动工业 4.0 发展的重要动力。目前，我国的高端装备制造业的产业规模已经相当可观。2010 年，高端装备制造业销售收入约 16000 亿元，不足装备制造业总销售收入的十分之一。根据工业和信息化部在《高端装备制造业“十二五”发展规划》中要求，到 2015 年，高端装备制造业要争取达到 60000 亿元的销售收入，在我国装备制造业中的比例要提高一倍，并大幅提高在国际市场的份额。

（5）新能源产业。随着环境问题的凸显，越来越多的国家致力于能源结构的调整，减少煤炭和石油的使用，增加新能源的应用规模。因此，新能源产业也成为衡量一个国家或地区高新技术发展水平的重要指标。其主要细分为核电、风能、太阳能和生物质能四个产业。近年来，我国新能源的利用量呈跳跃式发展。2010 年，核电发电量 738.80 亿千瓦时，风电发电量 500 亿千瓦时，光伏电池产量占到全球光伏电池市场的 50%，各类生物质发电装机容量总计约 550 万千瓦。国家对于新能源产业的发展也越来越重视，2012 年国家能源局发布《可再生能源“十二五”规划》指出，到 2015 年可再生能源的年利用量显著提高，接近 5 亿吨标准煤，其中商品化可再生能源要占到 80%左右。

（6）新材料产业。新材料是材料工业的先导，国家重大工程建设离不开新材料的应用，要积极促进传统产业转型升级。新材料产业不断发展壮大，产业体系已粗具规模，新材料 2010 年产业规模已超过 6 千亿元，部分新材料产品的产量已处于世界前列。根据 2012 年工业和信息化部发布的《新材料产业“十二五”发展规划》，2015 年新材料产业总产值达到 2 万亿元，年均增长率超过 25%，形成配套齐全的新材料产业体系。

（7）新能源汽车产业。近年来，能源紧张和环境问题日益严重，新能源汽车产业成为各国竞相发展的重要产业。经过近 10 年的发展，我国新能源产业已经具备产业化的发展基础，但新能源汽车整车和部分核心零部件关键技术尚未取得突破，产品成本高，因此，必须加快推进技术研发和产业化。2012 年国务院印发的《节能与新能源汽车产业发展规划》指出，到 2015 年，纯电动汽车和插电式混合动力汽车累计产销量达到 50 万辆，技术水平大幅提升，配套能力明显加强。

第二节　我国战略性新兴产业的补贴政策

一、各级政府部门发布的补贴相关政策

为了促进企业技术创新，培育和发展战略性新兴产业，我国各级政府先后出台了一系列相关政策，如表 3. 3 所示。2012 年财政部修订了《基本建设贷款中央财政贴息资金管理办法》，明确指出了对于战略性新兴产业集聚区给予重点贴息支持。同年，财政部和发改委联合下发了《战略性新兴产业发展专项资金管理暂行办法》，在遵循市场主导，政府推动；集中资金，扶持重点；区别对象，创新方式的原则下，重点支持战略性新兴产业重大关键技术突破和产业创新发展等工作。

表 3. 3　　战略性新兴产业政策及相关要点

发布单位	政策名称	相关政策要点	发布时间
国务院	关于加快培育和发展战略性新兴产业的决定	设立战略性新兴产业发展专项资金，建立稳定的财政投入增长机制，增加中央财政投入，创新支持方式，着力支持重大关键技术研发、重大产业创新发展工程、重大创新成果产业化、重大应用示范工程、创新能力建设等。	2010. 1
国务院	“十二五”国家战略性新兴产业发展规划	设立战略性新兴产业发展专项资金，制定财政补贴和税收优惠政策，完善企业扶持政策。	2012. 7

续表

发布单位	政策名称	相关政策要点	发布时间
财政部	基本建设贷款中央财政贴息资金管理办法	对于西部地区国家级高新技术开发区、战略性新兴产业集聚和自主创新能力强的国家级高新技术开发区，给予重点贴息支持。	2012. 3
财政部 发改委	战略性新兴产业发展专项资金管理暂行办法	围绕战略性新兴产业规划明确的重大工程、重点发展方向，选择战略性新兴产业的重点领域和关键环节，集中资金，综合扶持，促进重大关键技术突破和产业化。	2012. 12
国务院	关于加快发展节能环保产业的意见	采取补助、奖励、贴息等方式，引导企业技术创新，强化企业技术创新主体地位，鼓励企业加大研发投入。	2013. 8
国务院	生物产业发展规划	研究完善引导生物企业加大长期研发投入的财政激励机制。	2012. 12
国务院	节能与新能源汽车产业发展规划	中央财政安排资金，对实施节能与新能源汽车技术创新工程给予适当支持，引导企业在技术开发、工程化、标准制定、市场应用等环节加大投入力度。	2012. 6
国务院	“十二五”节能环保产业发展规划	各级政府要安排财政资金支持和引导节能环保产业发展。安排中央财政节能减排和循环经济发展专项资金，采取补助、贴息、奖励等方式，支持节能减排重点工程和节能环保产业发展重点工程，加快推行合同能源管理。中央预算内投资和其他中央财政专项资金，要加大对节能环保产业的支持力度。	2012. 6

续表

发布单位	政策名称	相关政策要点	发布时间
国务院	生物产业发展“十二五”规划	完善生物良种补贴政策。研究完善引导生物企业加大长期研发投入的财税激励机制。	2012.12
工业和信息化部	电子信息制造业“十二五”发展规划	着力发展战略性新兴领域，培育产业新增长点。充分利用电子信息产业发展基金等专项资金，支持产业核心关键技术研发和产业化，推进重点产品示范应用。加大对信息技术应用的资金支持力度，重点支持安全可靠信息技术及产品的行业应用。落实战略性新兴产业专项资金，细化电子信息领域资金使用方案。	2012.2
科技部	国家宽带网络科技发展“十二五”专项规划	建立全方位、系统、稳定的财政投入增长机制，着力支持重大关键技术研发、重大产业创新发展工程、重大创新成果产业化、重大应用示范工程、创新能力建设等。加大政府引导和支持力度，提高资金使用效率。	2012.9
工业和信息化部	物联网“十二五”发展规划	增加物联网发展专项资金规模，加大产业化专项等对物联网的投入比重。	2011.11
工业和信息化部	高端装备制造业“十二五”发展规划	重点支持智能技术、智能测控装置与部件、重大智能制造成套装备的研发、产业化和应用推广。引导地方、企业和社会资本加大对智能制造装备产业的研发和产业化资金投入。	2012.5

续表

发布单位	政策名称	相关政策要点	发布时间
工业和信息化部	新材料产业“十二五”发展规划	建立稳定的财政投入机制，通过中央财政设立的战略性新兴产业发展专项资金等渠道，加大对新材料产业的扶持力度。各有关地方政府也要加大对新材料产业的投入。	2012. 2
国家能源局	可再生能源发展“十二五”规划	建立并完善支持可再生能源发展的财政保障机制，发挥好可再生能源发展基金的作用。	2012. 8
上海市发改委、财政局	上海市战略性新兴产业发展专项资金管理办法	主要采取资本金注入、贷款贴息、投资补助等方式或其组合方式，重点用于设备购置等项目建设支出，以及新产品研究设计费等符合国家规定的研发费用支出。	2012. 7
广东省财政厅	广东省战略性新兴产业发展专项资金管理办法(修订)	专项资金采取股权投资、无偿补助、以奖代补等支持方式，并根据战略性新兴产业发展形势适时进行调整。	2013. 6
浙江省财政厅	浙江省战略性新兴产业财政专项资金管理暂行办法	对确定为省试点、示范项目建设单位，由省财政安排资金进行定额补助，补助资金统筹用于试点、示范项目基础设施、公共服务平台建设和相关企业的发展。	2012. 5
安徽省发改委、财政厅	安徽省战略性新兴产业发展引导资金项目管理办法	支持战略性新兴产业的核心重点项目，培育若干个引领全省经济持续快速发展的支柱产业。充分发挥专项资金杠杆作用和乘数效应，引导社会资本投入，带动产业发展。	2011. 3

二、政府补贴成为推动战略性新兴产业发展的主要手段

中央专项的首批资金于2012年5月启动，主要针对新能源汽车、新材料和高端装备制造产业进行补贴，补贴比例原则上按项目固定资产投资的15%，单个项目补贴资金不超过4000万元。政府补贴业已成为推动我国战略性新兴产业发展的主要手段。为了推动其稳定、持续的发展，截至2014年8月，中央财政资金已累计安排约90亿元，吸引地方政府和社会资金约400亿元，仅2014年下达的专项发展资金就达到了20亿元。各级地方政府也加大了资金扶持力度，如北京市计划在500亿元重大科技成果转化和产业项目资金中统筹安排200亿元资金，重点支持战略性新兴产业的共性技术研发及产业化、创新能力建设、基地建设、示范应用等。广东省“十二五”期间统筹安排30亿元，采用竞争性扶持方式，无偿补贴战略性新兴产业核心技术攻关、重大核心装备研制等项目。安徽省设立省级战略性新兴产业发展引导资金，“十二五”期间投入50亿元支持安徽省战略性新兴产业的发展。浙江省嘉兴市“十二五”期间每年筹集5亿元专项资金用于支持战略性新兴产业的发展。江西省新余市每年从全市产生的税收地方留成部分集中20%的资金作为支持战略性新兴产业发展的专项基金。由表3.4可以看到，近年来随着政府扶持资金的投入，企业也获得了较多的补贴资金支持，新能源汽车产业的龙头企业比亚迪，2009—2013年的直接补贴数额为22.7亿元，仅2013年就达到了6.8亿元。新一代信息技术产业的龙头企业中兴通讯，2009—2013年的直接补贴数额为75亿元，补贴数额最高的年度2012年达到了21亿元。

表 3.4　　战略性新兴产业主要上市公司 2009—2013 年获得政府补贴资金情况（单位：亿元）

	产业类别	2009 年	2010 年	2011 年	2012 年	2013 年	合计
比亚迪	新能源汽车	3.9	3.5	3	5.5	6.8	22.7
中集集团	高端装备制造	1.4	0.9	2.7	1.3	1.6	7.9
中国南车	高端装备制造	4.6	4.2	4.8	6.6	10	30.2
TCL	新一代信息技术	2.5	10	8.3	13	22	55.8
中兴通讯	新一代信息技术	13	13	16	21	12	75
三安光电	新能源	0.56	2.5	8.4	4.8	4.6	20.86
中材科技	新材料	0.55	0.84	0.86	1.2	1.5	4.95
海王生物	生物	0.2	0.29	0.29	0.2	0.25	1.23
达安基因	生物	0.16	0.21	0.27	0.12	0.19	0.95
龙净环保	节能环保	0.16	0.26	0.26	0.38	0.48	1.54

第三节　我国战略性新兴产业技术创新现状及特点

一、战略性新兴产业技术创新现状

（1）节能环保产业。节能环保产业涉及节能产业、资源循环利用产业以及环保产业等。

随着我国工业化进程的不断推进，能源问题已逐渐成为困扰其发展的重要问题，节能产业是我国工业化进程中必须要兼顾发展的产业。因此，节能技术在我国取得了一定的进展。如纯低温余热发电、高炉煤气发电、干法熄焦、等离子点火、变频调速、炉顶压差发电等一批重大节能技术已得到广泛推广和应用。目前，技术创新主要集中在提高锅炉窑炉、余热余压利用设备、电机及拖动设备运行效率、节能仪器设备，家用电器与办公设备节能技术、高效照明产品、新型节能建材的研发。但我们与发达国家相比较，技术创新能力仍然有待提高，部分核心技术尚未充分掌握，一些关键设备亟待进口，并且部分自主生产的节能设备的性能和效率还有待进一步提高。比较典型的如 LED 产业，由于 LED 照明具有寿命长、节能、低热量、安全、可回收再利用等特性，被誉为人类照明的第三次革命，其成为最受全世界关注的新一代光源。从 LED 产业的产业链来看，LED 产业上游涉及原材料和衬底以及材料外延等相关环节，而中游涵盖芯片制作和切割、芯片测试等相关环节，下游由封装、应用等相关环节构成，LED 的上游、中游约占整个产业链利润的 70%。目前，全球已经初步形成以亚洲、欧洲和北美三大区域为重心的产业格局，以日本的丰田合成和日亚化工、美国的通用电器和克里以及德国的欧司朗为专利核心的技术竞争局面。美国和日本的相关企业在外延片、设备和芯片技术方面具有垄断性优势，欧洲国家在应用技术上表现出明显优势，而我国 70% 的企业集中在下游，主要从事封装和较低端的产品应用，并且我国企业缺乏核心的专利，50%以上的核心专利都掌握在上述五大厂商手中。

随着环境问题的日益严重，环保产业的发展引起了我国政府的高度关注，环保技术得到了较快的发展。我国已具备自行设计和建造垃圾焚烧发电厂、大型城市污水处理厂以及火电厂烟气脱硫设备的技术和能力，关键设备也可通过自主生产，袋式除尘、电除尘装备和技术等都已达到国际领先水平。目前主要集中在垃圾处理、污水处理、危险废物与土壤污染治理、大气污染控制以及监测设备等环保设备和技术的研发。但大多数技术的研发水平与发达国家相比仍然存在较大的差距，尚未形成产业化规模。以固体废弃物处理为例，我国对固废处理一直以来重视程度不够，造成绝大多数地区采取填埋或焚烧的方式进行处理，带来环境的二次污染，技术发展相对缓慢，主要以引进国外技术为主。对危险废弃物的处理，美国和德国等发达国家已经具有较完善的管理体系和处理技术，针对不同成分的危险固体废弃物可采取不同的技术手段，实现了危险固体废弃物处理的产业化。而我国目前仍然处于探索阶段，技术相对落后，设备难以达到要求，处理后的产物很难达到无毒无害的程度。

在资源循环利用领域我国已经取得了一定的技术成就，如废气、废水、固体废弃物等综合利用技术和装备已得到广泛运用，并且表面再制造工程技术和装备也已经达到国际先进水平，废弃电器电子产品、再生铝蓄热式熔炼技术以及包装物资源化利用装备和技术等取得了重要突破，无机改性利废复合材料也在高速铁路上得到广泛使用。目前正集中力量对矿产资源综合利用、固体废物综合利用、再生资源利用、农林废物资源化利用、水资源节约与利用等相关技术进行研发。20 世纪中期以来，发达国家不断重视对资源的循环利用，且回收利用体系也日臻完善，回收规模也在逐步扩大。然而，我国的资源循环利用产业仍处于发展初期，企业规模偏小，产业化水平较低，龙头型企业数量较少。首先，企业的研发能力相对较差，相关行业内部的科研人员比重远低于其他领域，并且精深加工能力较差。其次，相关装备的产业化能力较弱，先进装备和技术主要依赖进口，而自主知识产权也较为欠缺。加之，我国资源循环利用的技术研发和推广的促进机制还不健全。

（2）新一代信息技术产业。新一代信息技术产业必要注重物联网产业、电子基础材料和关键元器件产业、电子专用设备产业、数字电视与数字家庭产业的协调发展。

我国物联网产业与全球同处于起步阶段，初步具有了较强的技术根基，尤其在技术研发和标准制定上取得了重要的突破。例如，我国在通信协议、协同处理、网络管理、芯片以及智能计算等多个领域获取了诸多技术成果。并且在传感器网络接口、安全、标识、物联网体系架构以及传感器网络与通信网融合等方面的相关技术标准上取得了进展，也因此成为传感器网络标准工作组的主要国家。我国企业已成功研发出全球首颗二维码解码芯片，研制了国际领先水平的光纤传感器，同时，TD-

LTE 技术已得到规模性技术试验。然而，高端产品和核心技术与国外相比差距较大，尤其是高端综合集成服务能力较弱，很少规模化应用。信息安全方面存在隐患，如传感器敏感芯片、超高频 RFID 芯片和中间件的研发与欧美国家差距较大，基本被欧美国家垄断，严重依赖进口。

电子基础材料和关键元器件产业是下一代信息技术产业链的前端，是全产业发展的基础。目前我国电子基础材料和关键元器件等高科技材料的配套研发和生产水平取得长足进步，尤其是硅材料生产能力进步明显，其 12 英寸硅片年产能达到 12 万片，另外还能生产相同尺寸的掺氮直拉单晶硅抛光片，说明我国在这一领域已经跨入世界前列。不过，关键零部件不能自给和创新能力不足等问题亟待解决。

电子专用设备产业是下一代信息技术产业链的最高端，决定着一个国家或地区电子信息产品制造业的整体水平。在国内多项政策的持续激励下，我国企业已稳步迈入自主研发阶段，逐渐掌握了高端和核心仪器技术，并能够供给国家重大工程的大部分相关电子仪器。如一批自主生产的集成电路设备开始进入大规模生产线。我国的无铅焊接技术也已达到国际领先水平，成为我国在表面贴装设备市场中最具竞争力的产品。但在技术创新中仍然存在突出的问题：企业高端设备的研发相对落后，自主创新能力还有待进一步提高；一些产品的性价比虽高，但可靠性能较差，市场占有率相对较低；产品制造与设备开发工艺相脱离，从而影响了技术成果迈入产业化的进程。

数字家庭与数字电视产业成为下一代信息技术产业发展的重要方向，这对于推动三网融合、提高人民生活水平具有重要意义。目前，该产业的技术研发与应用已经实现了重大突破，如数字家电芯片、储存和显示等核心元器件材料技术，同时还大力发展智能家居产品，例如互联网电视、三维电视等前沿科技产品。不过，缺乏创新经验，配套的核心器件的研发进展相对缓慢等因素限制了新的核心技术的迅速发展和应用。

（3）生物产业。生物产业细分为生物医药产业、生物医学工程产业、生物农业产业、生物制造产业。

生物医药产业具有高技术、高投入、长周期、高风险和高收益的特性。其发展能够提高人类的生存及生活质量，具有极大的社会效益，一些主要发达国家对其发展尤为重视。我国在这方面虽然起步较晚，但发展速度较快，产业发展已粗具规模。一批关键技术取得突破，如治疗性疫苗与抗体、细胞治疗等。一批创新产品得到推广应用如人用高致病性流感疫苗等。但问题仍然较为突出，比如研发投入明显不足，2012 年日本生物医药的研发投入为 372 亿美元，而我国只有 84 亿美元；我国的生物医药仍以仿制为主，持有的专利数量极低，美国持有 59%的专利，欧盟持有 19%，日本持有 17%。

生物医学工程产业和生物医药产业为保障人类健康和提高生活质量提供了强有力的技术支持。随着我国生活水平的提高，人民对健康的要求也越来越高，生物医学工程产业在我国取得了较快的发展，一些高尖端产品也逐步国际化，如 CT、超声治疗仪、冠脉支架等。但该产业在全球的市场占有率仍然较低，美国的市场占有率 41%～43%，欧盟为 26%～29%，日本为 13%～18%。并且企业技术创新能力较低，产品的自主知识产权含量不高，如核磁共振成像仪、彩色超声波诊断仪等高端成套设备仍然以进口为主，出口的产品主要为较低端的中小型产品。

生物农业产业主要包括生物种业、生物肥料、生物农药、生物饲料等方面。尽管我国是农业大国，但生物农业产业起步仍然比较晚，经过近几年的发展，已初步形成了相对独立的产业体系。一批关键技术取得了突破，如转基因作物育种技术、抗虫棉技术。一批创新产品得到推广应用，如超级水稻、农用抗生素。但产业的自主创新能力仍然薄弱，企业仍然以模仿为主。另外，企业规模相对较小，生产设备和技术条件相对落后，缺乏研发资金的支持。

生物制造产业对于我国产业结构转型升级、转变经济增长方式具有重要意义。近年来，我国生物制造产业规模快速增长，并且已经掌握一批关键技术，如生物基化学品、生物基材料等，但整体上与发达国家相比仍有较大差距。一些技术应用方面还严重滞后，如合成生物学技术、系统生物学技术、分子生物学技术等。在一些高端产品的研发上仍停留在模仿和跟随发达国家的水平，如在重要医药中间体、精细化学品的研发上。

（4）高端装备制造产业。高端装备制造产业细分为航空装备产业、卫星及应用产业、轨道交通装备产业、海洋工程装备产业、智能制造装备产业。高端装备制造产业是一个国家或地区产业核心竞争力的体现，具有重要的战略意义，发达国家对核心技术管理得比较严格。在一系列配套政策的引导和鼓励下，我国高端装备制造业的研发能力得到了显著的提升，以企业为主的技术创新体系正不断完善。

航空装备领域，在结构强度、动力装置、机载系统和制造工艺等技术领域获得了重大突破。C919 大型客机、ARJ21 涡扇支线飞机、歼 15 舰载战斗机等产品的研制正稳步推进。超临界机翼、大型壁板喷丸成型等研究成果得到了应用推广。2012 年，我国自主研发的亚洲最大吨位民用直升机开始投入航空市场。这些都标志着我国航空装备产业综合竞争力大幅度提升。但由于起步较晚，产业的配套能力仍然滞后，企业的创新能力相对薄弱，与发达国家相比仍然有较大差距，如大型客机的市场主要被美国的波音公司和欧洲的空中客车公司所垄断，而我国对于大飞机发动机等关键核心技术还有待进一步突破。

我国在卫星通信、导航、遥感三大领域的应用得到了稳步的发展。2011 年 12 月 27 日，我国宣布北斗导航系统进入试运营，这标志着我国卫星及应用产业的发展进入一个新的时代，但仍然需要较长时间的发展，毕竟 GPS 导航在我国导航市场中占据 90%以上的市场份额，并且导航终端的芯片也基本被 GPS 垄断。在卫星及应用领域，我国企业自主研发能力仍然薄弱，配套能力还不够，如北斗导航的 90%的经费都用于卫星的研制和发射，而对于终端芯片的研究投入不足，导致企业以生产低附加值的芯片为主，多数企业不具备技术创新能力。

我国轨道交通装备产业已形成比较完整的研发体系，研发能力不断提升，产业规模不断扩大。已初步掌握了高速动车组、大功率交流传动机车、大型养路机械等制造技术，产品已出口到俄罗斯、巴西等国家。但核心技术、关键零部件及重要系统的创新基础相对薄弱，仍然依赖国外，从而制约了我国轨道交通装备产业的健康发展，另外装备的安全性及使用寿命等方面与相对发达国家仍然有较大的提升空间。

我国海洋工程装备产业发展已具备了一定基础，已成功设计和建造了浮式生产储卸装置、自升式钻井平台、半潜式钻井平台以及多种海洋工程船舶，初步形成了海洋工程装备产业的基本形态。但仍未形成具有较强国际竞争力的专业化制造能力，核心设备和技术仍然依赖进口，企业的研发设计能力依旧较为薄弱。

得益于科学技术和信息化水平的快速发展，我国智能装备生产水平得到了大幅提高，初步形成了以机器人、智能操控、成套自动化生产和新型传感器等先进装备制造为标杆的产业体系，并有不少产品具有自主知识产权，使中国制造真正开始走向中国“智造”。但新型传感、先进控制等核心技术仍然受制于人，智能仪器仪表、高档数控系统、机器人的市场占有率仍然很低。

（5）新能源产业。新能源产业细分为核电技术产业、风能产业、太阳能产业和生物质能产业。

我国的核电发展较晚，主要引进法国和美国的技术，走的是引进、消化、再创新的路线。目前，已具有自主品牌的二代改进型压水堆核电技术，通过对美国 AP1000 第三代核电技术进行引进开发，获得了拥有自主知识产权的 ACP1000、ACPR1000 第三代核电技术。但一些关键零部件仍然需要进口，如国内在建的四个 AP1000 核电站机组用泵全为国外进口，核级阀门的国产化率也仅有 4%，大量的核电阀门仍需进口。

2014 年我国风电累计并网装机容量达到 9600 余万千瓦，占全部发电装机容量的 7%，上网电量 1500 余亿千瓦时，占全部发电量的 2.78%。已掌握风电关键设备的设计制造技术，具有风电整机、齿轮箱、叶片等关键零部件的设计制造能力，5MW 以上的大功率风电机组研制成功，千万千瓦风电汇集系统的管控技术获得突破。但整体制造技术与风电强国相比仍然存在差距，2012 年我国新增风机单个风机平均容量约为 1.6MW，而全球的平均水平约为 1.8MW，丹麦达到了 3MW。

2014 年我国太阳能发电累计并网装机容量达到 2800 余万千瓦，发电量约 250 亿千瓦时。太阳能产业快速发展，多晶硅冶炼技术日趋成熟，光伏电池制造达到世界先进水平，具有硅材料及硅片、逆变器及控制设备等关键部件的设计制造能力。但“三头在外”产业发展局面仍然没有彻底改变，关键设备仍然依赖进口，如单晶硅棒多线切割机、太阳能电池硒化设备等。目前，制约太阳能和风力发电的并网和储能技术仍然亟待解决。

我国生物质能取得了多元化的发展，生物质发电、生物液体燃料、生物质燃气、生物质成型燃料技术不断进步，具备了良好的产业发展基础。2014 年，生物质发电装机容量达到 1100 万千瓦，我国燃料乙醇的产量达到了 200 多万吨，农村沼气产量达到了 160 亿立方米。但我国生物质能产业的发展仍然处于起步阶段，一些关键设备和技术亟待突破，如配套内燃发电机组和生物降解催化酶技术。一些技术尚未产业化，如航空生物燃油技术。

（6）新材料产业。新材料产业是战略性新兴产业发展的基础，是我国产业转型升级能否成功的关键。主要细分为新型功能材料产业、先进结构材料产业和高性能复合材料产业。

我国新材料产业发展不断壮大，在产业规模和技术创新等方面取得了显著的成就。稀土功能材料、特种不锈钢、先进储能材料等产能居世界前列。钽铌铍合金、高磁感取向硅钢、超硬材料等关键技术取得突破，并达到或接近世界水平。但新材料产业的研发投入明显不足，如硬质合金材料领域的研发投入只占企业销售收入的 3%，低于高新技术企业 5%的水平。在科研积累、技术工艺和产品质量等方面与发达国家相比仍然存在差距，如我国虽然可称得上超硬材料大国，但不是超硬材料强国。企业的创新能力不足，主要处于产业链的低端，中高端市场一直被英国 DI 公司和美国合成等大型企业控制。

（7）新能源汽车。我国新能源汽车产业经过近几年的研究开发，电机、电池、电子控制系统三大技术已取得一定的突破，产业化发展已粗具规模。2014 年，我国生产新能源汽车 2.72 万辆，已累计生产 8.39 万辆。但核心技术仍然落后与欧美等发达国家，关键性的核心技术仍然依靠进口。在动力电池方面，日、韩、美等国掌控着电池隔膜的聚烯烃拉伸、六氟磷酸锂等核心技术的专利。作为电动汽车的核心部件电动芯片，目前只有少数国家具有设计制造能力，我国仍然需要大量进口。电控系统中的智能功率模块等零部件仍然受制于国外。我国近年来加大了对新能源汽车的研发投入，但专利数量仍然与日、美等发达国家存在显著的差距，如锂电池技术上，日本的专利数约占 50%，美国约占 25%，而中国只有约 1%。

二、战略性新兴产业技术创新的特点

（1）企业技术创新投入不足，技术创新水平不高。近年来，我国高技术产业中企业的 R&D 人员和经费的投入持续增长，2009—2012 年年均增长 20%以上，如表 3.5。新产品销售收入、专利申请数和有效发明专利数也增长较快，2012 年新产品销售收入、专利申请数和有效发明专利数比 2011 年分别增长了 17%、25%和 45%。但我国高技术产业研发投入相比发达国家仍然较低，2011 年和 2012 年我国高技术产业 R&D 经费占工业总产值的比例分别为 1.63%和 1.68%，而美国 2009 年这一比值为 19.74%，日本 2008 年为 10.5%。由于战略性新兴产业缺乏系统的产业数据，在产业层面上对战略性新兴产业的研究一直进展缓慢。邢红萍、卫平（2013）对我国 7 省市 426 家战略性新兴产业的企业进行调查，发现七大战略性新兴产业中 50%以上的企业研发投入与同期总产值的比重仅为 5%左右，相比发达国家存在较大的差距，如我国整个医药产业的 R&D 投入总和不及美国 Pfizer 公司。

表 3.5 **大中型高技术产业企业 R&D 及相关活动情况**

	2009 年	2010 年	2011 年	2012 年
R&D 人员折合全时当量（人年）	320033	399074	426718	525614
R&D 经费内部支出（万元）	7740499	9678300	12378065	14914940
新产品开发经费支出（万元）	9250743	10069385	15280302	18274769
新产品销售收入（万元）	125950003	163647630	203845209	237653174
专利申请数（件）	51513	59683	77725	97200
有效发明专利数	31830	50166	67428	97878

数据来源于各年度中国高技术产业统计年鉴。

战略性新兴产业研发投入不足，目前 50%左右的企业技术创新的方式以消化吸收再创新为主，如我国的核电产业，通过对美国 AP1000 第三代核电技术进行引进开发，获得了拥有自主知识产权的第三代核电技术，但目前一些关键零部件仍然需要进口。近年来我国新能源汽车产业发展迅速，企业对于国外先进技术进行了消化和吸收，但在动力电池、电动芯片、电控系统中的智能功率模块等关键部件的创新能力仍然不够，专利数量仍然与日、美等发达国家存在显著的差距。根据对我国十多个代表城市战略性新兴产业相关企业的深入调研发现，技术处于国际领先地位的企业只占 9.3%；技术处于国际先进地位的企业不足 16%；超过 70%的企业，其技术不具备国际竞争力。因此，我国战略性新兴产业的技术创新水平仍然不高。

（2）战略性新兴产业地区分布不均匀，各地区技术创新投入和产出存在较大差异。各地区由于资源禀赋、经济状况、市场基础和创新能力等产业基础不同，战略性新兴产业的发展存在较大的区域性差异。各地区根据其产业发展状况，对那些具有良好产业基础的战略性新兴产业进行了优先布局。如北京市将新一代新兴技术和新材料领域作为重点发展和培育的产业。上海市将节能环保和新能源汽车作为其先导产业。在产业政策的扶持下，战略性新兴产业快速发展，但区域间差距较大，如节能环保产业发展较快的浙江省2015年计划总产值达6500亿元，中部地区的安徽、河南省分别达2200和2300亿元，而西部地区的甘肃省目前节能环保产业发展才刚刚起步，总产值仅为500亿元。在我国战略性新兴产业发展过程中，区域集聚趋势日益明显，产业发展更倾向于向环渤海圈、长三角、珠三角等地区集聚，这些地区国有经济力量最为雄厚，民营经济也比较活跃，产业基础比较扎实。各产业在发展的过程中也趋于集聚，新的发展格局业已形成，如节能环保产业主要集中在环渤海圈、长三角、珠三角和从上海沿长江到四川的区域，形成了沿海发展带和沿江发展轴的格局。

由于各地区发展战略性新兴产业的产业基础不同，研发的投入和产出存在较大的差异，如表3.6。东部地区研发的投入高于其他地区，如2012年东部地区的R&D人员折合全时当量和R&D经费内部支出分别为42.8万人年和1197亿元，远高于西部地区的3.8万人年和110亿元，以及东北地区的1.7万人年和64亿元。研发产出也呈现出东部地区具有明显的发展优势，如2012年东部地区的新产品销售收入和有效发明专利数分别为20912亿元和87182件，而东北地区仅有449亿元和1650件，远远低于东部地区。

（3）战略性新兴产业各产业间发展不平衡，各产业间的技术创新投入和产出也存在较大差异。2010年我国提出将战略性新兴产业作为主导产业来发展，相继颁布了一系列的扶持政策，但由于各产业的产业基础存在较大的差异，因此，战略性新兴产业各产业间发展极不平衡。例如，通过长期不懈的努力，我国高端装备制造产业获得了较快的发展，目前紧随着“新丝绸之路经济带”和“21世纪海上丝绸之路”的战略构想，我国又大力推进“高铁”出海，这说明高铁装备已经具备了参与国际竞争的实力，在技术上处于国际领先的地位。但我国新能源和新能源汽车产业产业基础相对薄弱，相比发达国家企业技术创新能力仍然不强，技术水平相对落后。七大战略性新兴产业中新一代新兴技术、生物产业和节能环保产业发明专利授权量明显高于其他产业，如表

表 3.6 **各地区大中型企业 R&D 及相关活动情况**

	东部地区				中部地区				西部地区				东北地区			
	2009	2010	2011	2012	2009	2010	2011	2012	2009	2010	2011	2012	2009	2010	2011	2012
R&D 人员折合全时当量（千人年）	246	317	345	428	29	36	41	50	31	34	25	38	12	10	13	17
R&D 经费内部支出（亿元）	624	787	990	1197	54	63	99	119	60	73	78	110	34	43	69	64
新产品开发经费支出（亿元）	734	797	1249	1483	69	78	117	140	76	93	95	145	43	36	65	57
新产品销售收入（亿元）	11021	14701	18263	20912	562	817	965	1347	816	566	794	1055	194	279	360	449
专利申请数（件）	44964	51219	67793	80537	2936	4049	5544	7138	2623	3382	2931	7361	990	1033	1457	2164
有效发明专利数	27504	45079	60911	87182	2054	2656	3361	4686	1568	1872	2031	4360	704	559	1125	1650

数据来源于各年度中国高技术产业统计年鉴。

3.7，说明这三大产业目前在我国处于支柱地位，企业技术创新能力较强。新能源和新能源汽车产业发明专利授权量相对较少，2012 年新能源产业发明专利授权量只占新一代信息技术产业发明专利授权量的 15%，而新能源汽车产业不足 10%，表明这两个产业发展相对落后，企业技术创新能力不强。2012 年新一代信息技术、生物产业和节能环保产业发明专利授权量分别占战略性新兴产业发明授权总量的 32%、21% 和 20%，三大产业授权量的比重达到了 73%，而新能源和新能源汽车产业只占 5%和 3%，表明七大战略性新兴产业之间发展非常不平衡，如图 3.1 所示。

表 3.7　**七大战略性新兴产业 2008—2012 年发明专利授权量（单位：件）**

	2008 年	2009 年	2010 年	2011 年	2012 年
新一代信息技术产业	10390	15099	13925	17541	21342
生物产业	6333	8390	9219	10848	13629
节能环保产业	4826	7496	7463	9736	13138
新材料产业	3178	4208	4677	7059	9531
高端装备制造产业	1243	1798	2113	2596	2858
新能源产业	591	1050	1299	2063	3256
新能源汽车产业	212	353	400	1345	1941

各产业之间的研发投入差异也较大，电子及通信设备制造业 R&D 人员和经费投入明显高于其他产业，如表 3.8。2012 年电子及通信设备制造业 R&D 经费内部支出为 855 亿元，占当年经费总支出的 57%，而医疗仪器设备及仪器仪表制造业经费支出仅 104 亿元，不足 7%。

（4）不同产业中国有资本和民营资本比重差异较大。2011 年 8 月国家发改委发布了《关于鼓励和引导民营企业发展战略性新兴产业的实施意见》，打开了民营资本进入战略性新兴产业的政策之门。各级政

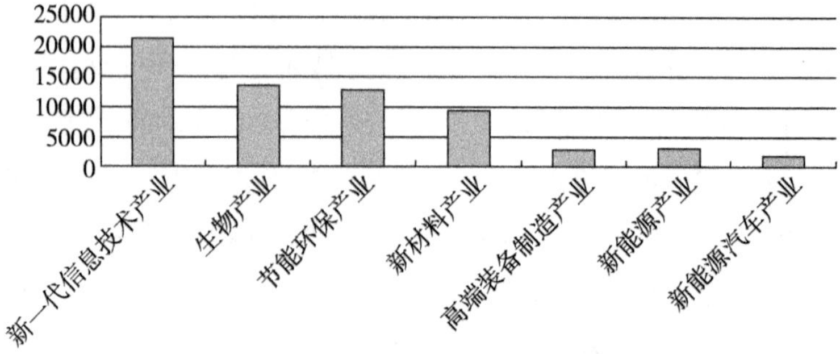

图 3.1 七大战略性新兴产业 2012 年发明专利授权量（单位：件）

府逐步重视民营资本在战略性新兴产业发展中的重要作用，从搭建平台、建立机制等方面，引导民营资本进入战略性新兴产业，取得了较为明显的成效。2014 年初在战略性新兴产业上市公司中民营企业的比重已经达到 63.2%，民营资本的重要作用业已初显。但由于民营资本规模化和专业化水平仍然不高，投资存在低档次、低效率、粗放型等问题，另外，民营资本的引导机制仍然不完善，退出机制也不健全，导致民营资本倾向于选择技术水平相对较低、回报周期较短、研发风险相对较小的项目。就战略性新兴产业而言，不同产业中国有资本和民营资本比重差异较大。节能环保、新一代信息技术、生物和新材料产业的技术性相对较弱，研发投入相对较少，回收周期较短，民营资本比较容易进入。如我国新一代信息技术产业具有较好的发展基础，民营资本成为其发展的主要力量，样本上市公司中民营企业的比重达到了 60%。但高端装备制造、新能源和新能源汽车产业的技术性相对较强，要求较高的研发投入，周期相对较长，民营资本进入的较少。如高端装备制造产业由于投入较高，研发风险大，民营资本进入的相对较少，样本上市公司中民营企业的比重仅有 22%。

表 3.8　　**部分行业大中型企业 R&D 及相关活动情况**

	R&D 人员折合全时当量（千人年）				R&D 经费内部支出（亿元）				专利申请数（件）				有效发明专利数			
	2009	2010	2011	2012	2009	2010	2011	2012	2009	2010	2011	2012	2009	2010	2011	2012
医药制造业	51	55	68	81	99	122	156	214	4785	5767	6413	9580	3911	5672	6527	10073
航空航天器及设备制造业	23	28	29	37	65	92	143	158	1504	2172	2414	3415	565	700	1277	1770
电子及通信设备制造业	183	211	241	301	454	572	700	855	32485	35575	49360	64602	21298	33677	44448	64603
计算机及办公设备制造业	35	68	45	58	98	117	151	158	7922	10810	11180	9475	4192	7552	10532	14922
医疗仪器设备及仪器仪表制造业	27	35	41	45	54	62	86	104	4817	5359	8358	10128	1864	2565	4644	6510

数据来源于各年度中国高技术产业统计年鉴。

根据对补贴政策的研究我们发现，各级地方政府为了促进战略性新兴产业发展，制定了详尽的政策，并安排了大量的补贴资金，同时部分企业也获得了高额的补贴。但是通过对战略性新兴产业技术创新的现状及特点的总结，发现企业技术创新投入不足，技术创新水平不高。这就说明我国政府补贴并没有很好地发挥促进企业技术创新的杠杆作用，因此，研究如何发挥政府补贴的杠杆作用具有重要意义。

第四节 本章小结

本章阐述了我国战略性新兴产业的重点发展方向，并对细分产业的发展现状进行了梳理，为后续战略性新兴产业上市公司选取标准的制定提供依据。整理了近年来国家和地方的补贴政策及中央和地方安排的补贴资金数额发现，政府对于战略性新兴产业的补贴数额较大，个别企业获得了较大的补贴资金支持。根据战略性新兴产业细分子行业的技术创新现状的分析，总结出战略性新兴产业技术创新的特点，为后续的实证研究奠定了基础。

（1）企业技术创新投入不足，技术创新水平不高。高额的补贴数额并没有带来企业技术创新投入的大幅增加，战略性新兴产业的技术创新水平整体也不高。因此，政府补贴的杠杆作用值得深入的研究。

（2）战略性新兴产业地区分布不均匀，各地区技术创新投入和产出存在较大差异。战略性新兴产业各产业间发展不平衡，各产业间的技术创新投入和产出也存在较大差异。因此，有必要从行业和地区两方面来研究政府补贴发挥作用的机理。

（3）不同产业中国有资本和民营资本比重差异较大。

第四章　政府补贴对企业技术创新投入的影响

根据以往的实证研究，国内外的学者主要从公司治理、企业规模、市场需求、企业研发投入的类型、行业特征、政策效果的时间滞后等方面来研究影响政府补贴发挥杠杆作用的作用机理，但以上研究成果仅从某一视角来研究其如何影响政府补贴发挥杠杆作用，需要从宏观制度环境、中观市场结构及微观公司治理全方面来构建分析的理论框架，来探究政府补贴影响企业技术创新的理论机理。因此，本书通过梳理总结以往的研究成果，选用市场化进程、产品市场竞争和股权集中度分别反映宏观制度环境、中观市场结构及微观公司治理，以此来构建分析的理论框架。并结合战略性新兴产业研究的现实情况，采用 R&D 投入、产出和效率三个维度来测度企业的技术创新。

学术界非常关注政府补贴与企业技术创新之间的关系，但仍然尚未达成共识，分歧主要在政府补贴政策的实施，将会给企业技术创新投入带来怎样的影响。

一种认为是激励效应，也就是说政府提供补贴给企业的研发项目，将促使企业增加自身的技术创新投入；另一种认为是挤出效应，即政府对企业 R&D 项目进行补贴，挤出了企业自身的技术创新投入。而对于在不同市场化程度下政府补贴如何影响企业技术创新的投入还缺少深入的研究，少量的研究也只是出现在零散的文字叙述当中；不同产品市场竞争的行业，政府补贴如何影响企业技术创新尚未验证；不同股权集中度的企业，政府补贴如何影响企业技术创新仍然没有引起学者的关注。因此，本章基于战略性新兴产业微观数据检验不同市场化进程的地区、不同产品市场竞争的产业以及不同股权集中度的企业，政府补贴如何发挥激励企业技术创新的杠杆作用，探究政府补贴发挥杠杆作用的理论机理。

第一节 研究假设

政府补贴是政府为了调整价格与私人成本之差，而直接或间接地给予生产者或消费者以财政支持的各种干预措施的总称，它成为各国政府影响企业技术创新行为的主要方式之一。政府补贴的目的是降低企业的研发成本和研发风险，引导和激励企业增加技术创新的投入。然而，却出现了企业由于得到了政府的补贴，将原本计划用于技术创新投入的资金转用于其他用途，减少了其技术创新投入的规模。这种负面效应的出现使得政府补贴资金的利用效率低下，如何使政府补贴发挥对于企业技术创新的引导和激励作用就显得至关重要。因此，本书的研究具有重要意义。

一、政府补贴与企业技术创新投入

随着市场竞争日益加剧，各国政府对企业技术创新活动进行补贴，以激励企业增加技术创新投入，提升技术创新能力。因而，政府补贴将产生怎样的政策后果也一直是社会以及学术界共同关注的重要话题。

（1）国外学者对于政府补贴对企业技术创新投入的效应的争论。国外学者对于政府补贴对企业技术创新投入的效应争论的比较激烈。Scott（1984）以企业 R&D 投入为被解释变量、以政府 R&D 投入为解释变量进行了 OLS 估计，得到两者是正向关系，即政府补贴激励企业增加技术创新投入。Levin 和 Reiss（1984）采取美国行业层面的面板数据，将产业市场集中度、资产专用性程度、R&D 与广告支出强度、技术机会等变量组成结构方程，并使用 2SLS 回归，得到的结果也是政府补贴激励企业增加技术创新的投入。Lichtenberg（1984）研究得出了不同的结论，他以政府补贴和企业 R&D 投入的变化量为自变量和因变量，发现政府补贴可能对企业技术创新投入具有挤出效应。随后 Lichtenberg（1988）研究认为，如果企业是通过竞争性方式获得政府补贴，那么政府补贴激励企业增加技术创新的投入；反之，就存在负面效应。González 和 Pazó（2008）通过研究，认为政府补贴不存在对企业技术创新投入具有显著的激励作用。针对政府补贴对企业技术创新投入所产生效应的两种不同观点，Dominique、Bruno（2000）调和了这两种对立观点的矛盾，认为政府补贴对企业技术创新投入增加的促进效果与政府资助率呈倒 U 形曲线，即随着政府补贴的增加，政府补贴的促进效果会增强，当达到一定值后，政府的资助会挤出企业的技术创新投入。

（2）国内学者对于政府补贴对企业技术创新投入的效应的研究。国内学者利用博弈论和实证的方法对政府补贴与企业技术创新投入的关系也进行了深入的研究，多数学者支持政府补贴对企业技术创新投入具有激励作用。如 Hu（2001）利用北京市海淀区 1995 年高科技企业为样本进行研究，发现政府补贴对企业技术创新有显著的促进作用。随后张东红等（2009）利用博弈论研究认为在适当的补贴政策下，政府的补贴可以激励企业增加技术创新投入，从而使企业与政府在技术创新投入中实现互补。解维敏等（2009）以 2003—2005 年的上市公司为样本，考察了政府资助与企业技术创新行为之间的关系，也认为政府资助与上市公司进行技术创新投入的可能性显著正相关。大多数学者逐渐接受了政府补贴对企业技术创新有显著的促进作用的观点，开始对于如何更有效地发挥政府补贴资金的引导作用以及中国研发投入不足深层次的原因等问题进行研究。如安同良等（2009）基于博弈论建立一个企业 R&D 与最终产品生产的两阶段模型，分析政策制定者在面临企业实施策略性行为时的最优对策，从而提高政府补贴的效率。顾元媛等（2012）运用中国省级层面上的面板数据分析，也认为政府补贴与企业技术创新投入呈显著的正向关系，并对中国技术创新投入不足的深层次原因进行了剖析。然而，也有较少的学者提出了不同的看法，如刘楠等（2005）基于博弈论试图构建政府补贴的计量模型，检验了不同的政府补贴方式与企业技术创新的关系，认为政府补贴不会产生提高努力程度的激励，这种政策工具的有用性也是十分有限的。

从目前国内外的研究中我们看到，虽然国内外仍有学者认为政府补贴难以激励企业增加技术创新的投入，并存在挤出效应，但大多数学者仍然支持政府通过补贴来激励和引导企业的技术创新投入，推动企业的技术创新。技术创新具有回收期长、高投入、高风险的特性，正是由于政府针对高风险、高投入的这些关键性的科技研究项目的补贴，企业才解决了在筹措技术创新经费上的困难，而且降低了技术创新的风险，使其能够在政府补贴的基础上，增加技术创新的投入，做好进一步的研发工作。因此，本书提出研究假设 4-1 如下：

假设 4-1：政府补贴激励企业增加技术创新投入

二、市场化进程、政府补贴与企业技术创新投入

陈宗胜（1999）提出市场化就是市场机制在一个经济中对资源配置发挥的作用持续地增大，经济对市场机制的依赖程度不断加深和增强，市场机制从逐步产生、发展到成熟的演变过程。一个地区市场化程度越高，市场机制越成熟，市场主体——企业发挥的作用就越好。因此，研究政府补贴对企业技术创新投入的作用，必须考虑企业所在地区的市场特征。

国内外学者对于市场化进程与企业技术创新之间的关系研究得较多，普遍认为市场化进程能够促进企业增加技术创新的投入，从而促进企业技术创新。如 Heitor & Murillo（2007）研究认为，市场化进程越高

的地区，市场可以通过竞争机制向企业传递信用承诺，从而规避企业倾向于从事简单的技术模仿，激励企业技术创新。然而，国内外学者对于在不同市场化程度下，政府补贴如何影响企业技术创新的投入缺少深入的研究，还只是出现在零散的文字叙述当中。

本书认为，政府对企业的干预程度，产品价格的决定，知识产权的保护效果，是衡量市场化进程的重要指标。如果政府对企业的干预较少，在市场化进程较快的地区，企业赢得市场的途径只能是提供更好的产品和服务，如果政府给予企业补贴，则犹如雪中送炭，企业会想办法提高补贴资金的利用效率，而政府的补贴资金又不能完全满足技术创新的需要，所以企业会主动地加大投入进行技术创新，不断地开发出市场需要的新产品，使其在激烈的市场竞争中立于不败之地；相反，一些地区政府干预企业的经营较多，企业难以通过正常的市场竞争和开发新产品来获得市场中的竞争地位，而是要凭借与政府的关系等非竞争的方式来获得市场利润，企业对技术创新进行持续的投入就失去了兴趣和动力，若获得了政府的补贴，就会想办法挪作他用并以此来获取利润。

如果政府对市场价格管制得较少，在市场化程度较高的地区，企业为了在竞争中处于不败之地，就必须提供有竞争力的产品和服务来取得相对优势。如果政府给予企业补贴，企业会毫不犹豫地投入到技术创新中，跟随政府的“引导之手”，加大对技术创新的投入，以此来获取具有核心竞争力的技术。相反，对于市场化较差的地区，政府对价格的限制较大，价格已不再是企业关心的决定性问题，企业无须冒高风险进行技术创新。于是，企业的技术创新很难通过政府补贴去激励。

另外，企业技术创新就是以市场需求为基础，投入研发资金进行技术开发，产生发明并将其转化为商品，从而实现其商业价值的动态全过程，期间充满了一系列风险，不仅包括财务风险、技术风险，还包括专利被侵权的风险等。尤其在当今的信息时代，如果对于知识产权保护得不够充分，企业不但可能失去对技术开发成果的独占，甚至研发成本可能都无法收回。但是，如果知识产权得到了较为充分的保护，企业能够在技术创新、技术转让中获得超额利润，这种情况下政府补贴对企业技术创新投入的激励作用就会非常明显。因此，本书提出研究假设 4-2 如下：

假设 4-2：市场化进程越高的地区，政府补贴对企业技术创新投入激励作用越显著

三、产品市场竞争、政府补贴与企业技术创新投入

产品市场竞争指的是企业之间为了争取各自的经济利益所采取的相互抗衡、较量等各尽所能的行为和过程。产品市场竞争包括竞争强度和竞争策略等方面，而在实证研究中产品市场竞争主要指的是产品市场竞争强度，即产品市场上的竞争情况。

产品市场竞争与技术创新的关系一直是国内外学者争论的焦点问题。熊彼特（1942）认为垄断与企业技术创新活动存在着密切的联系，市场集中度的提高将有利于企业从事技术创新活动；垄断是创新孕育和产生的基础。熊彼特的研究结果引起了国内外的广泛关注。国内的研究以理论的引进和综述为主，多数国内学者认为完全垄断和完全竞争的市场结构对技术创新是不利的，最有利的是中等程度的竞争。国内外的研究主要集中在产品市场竞争与技术创新的关系上，而对于不同产品市场竞争环境中，政府补贴如何影响企业技术创新投入研究的较少。

根据文献的梳理发现，较多的研究者更为支持熊彼特假说，认为市场集中度越高越有助于激励企业从事研究和开发活动。随着行业的产业集中度不断提高，产品市场竞争程度将逐渐减弱，企业技术创新的风险和成本可控的程度也在加强，企业技术创新的动力和意愿也增强，政府补贴会强化这种动机和意愿，促使企业增加技术创新的投入。相反，随

着产品市场竞争程度加强，企业研发的风险和成本都在加大，于是企业也就缺乏了技术创新的动力和意愿，创新就失去了对企业的吸引力，政府补贴对企业技术创新投入的杠杆作用也就消失了。因此，本书提出研究假设 4-3 如下：

假设 4-3：产品市场竞争越弱的行业，政府补贴对企业技术创新投入促进效果越好

四、股权集中度、政府补贴与企业技术创新投入

目前国内外学者围绕股权集中度与企业技术创新活动的关系已做过大量的研究，但分歧比较大。主要有四种观点：股权集中度与企业技术创新具有正向关系；股权集中度与企业技术创新具有负向关系；股权集中度与企业技术创新具有曲线型关系；股权集中度与企业技术创新无显著相关性。

企业技术创新活动中的代理问题。企业技术创新能力对提升企业竞争力、提高企业经济效益发挥着巨大的作用。企业技术创新能力的提高必须依靠企业技术创新的持续投入，由于技术创新具有高风险等特征，于是就出现了代理问题。首先，技术创新活动能否成功的不确定性较大，虽然经理人可能已经做出了最大的努力，但最终技术创新项目不能获得成功的可能性仍然很大，所以经理人进行技术创新投入的意愿不强。其次，技术创新投资周期较长。技术创新支出发生在近期，但获得收益很可能要经过很长时间。因此，风险性较大、周期较长的技术创新项目使得经理人踌躇不前。于是，所有者与经营者就会产生分歧，进而对技术创新投入存在重要的影响。另外，由于信息披露等原因，在技术创新活动中信息不对称问题较为严重。

技术创新活动伴生的这些特征，使得股东和经理人之间掌握的信息不平衡，代理问题尤为严重，这直接影响企业对技术创新活动的参与程度，从而影响技术创新的投入。代理理论认为，若公司有良好的治理机

制，就可以一定程度上解决代理问题，既可以有效地监督经理人，又可以控制经理人，避免采用无效战略的倾向，从而保证对技术创新活动的参与和投入。股权结构是解决经营者代理行为的重要制度安排，不同的股权结构会带来不同的战略行动和产出。因此，股权结构对于企业技术创新投入具有重要的影响作用，股权集中度是衡量股权结构的重要指标。本书运用股权集中度来研究什么样的股权结构有益于政府补贴促进企业技术创新的投入。

现代管家理论与代理理论的争论。现代管家理论认为管理者并非完全自利的小人，而是具有明确的目标导向，能够完成挑战性工作，承担一定的风险和责任，取得领导以及同事的信任并在企业内部树立权威，从而达到获得认可的非物质激励的目的。正是基于代理理论本身的局限性及其在实践中的失灵，现代管家理论否认了代理理论对经理人的人性假定，认为经理人应该是公司资产的好“管家”，而非侵占公司资产的自利小人（Davis，Schoorman & Donaldson，1997）。

代理理论认为，人是根植于经济理性的。之后，不同的学者对这一观点进行了不断的更新。西蒙提出了人的有限理性常说（Simon，1957a，b），而 Argyris（1973a：253）则认为人是更为复杂的，之后，McGregor（1960）和 Maslow（1970）则认为人是自我实现的。他们认为人性是需要不断实现自我超越的，是具有一定目标的。因此，代理理论与现代管家理论在心理因素上的第一个区别就在于动机（激励方式）的不同。现代管家理论与代理理论在动机上的区别主要关注于外部还是内部的动机。代理理论中，人们关注于外部的奖励，这些奖励是有形的，可交换的，并且是可能测量具有市场价值的。这些外在奖励形成了奖惩系统的基础，从而实现代理关系的控制。例如，委托人可能通过计件式确保其不受代理人的侵害。相反，现代管家理论主要侧重于内部激励，而这往往是难以量化的。这些激励包括自我成长、取得成就和自我实现的机会。在现代管家关系中，下属由这些内在的无形激励因素所驱动，从而努力工作，实现组织绩效。两种理论在激励方式上的区别常见诸于大多数的激励理论之中，但在需求理论中尤为明显。在现代管家关系中，人们更加关注于马斯洛需求理论中更高层次的需求。因此，在那些受到更高需求激励的合作关系中，现代管家理论可能更为适应。

现代管家理论与代理理论在心理因素上的第二个维度的差异就在于身份上的认同。认同常体现在管理者在接受组织任务、愿景和目标时在特定组织中的身份定位。认同组织的管理者往往能够将对组织的评价视为对自身的评价。许多研究表明，具有组织认同的管理者会将组织的失败归因于自身的原因。这种对组织认同的观点与管理理论是一致的。因此，在具有高度的组织认同感的个体合作中，更容易建立代理人—管家的关系。同时，那些具有高度责任感的个体也更容易成为管家，而非简单的代理人。

因此，现代管家理论认为经理人具有高度责任感，具有明确的目标导向，能够完成挑战性工作，承担一定的风险和责任，取得领导以及同事的信任并在企业内部树立权威，从而达到获得认可的非物质激励的目的。经理人将会注重公司的长远发展，以公司的发展作为检验自身价值的尺度。因此，公司治理要解决的关键问题不是如何监督和控制经理人，而是什么样的公司治理结构有助于经理人最大化地发挥其才能，使公司业绩得到有效的提升。治理结构首先需要确立经理人的地位，保证他们拥有充分的权利。股权越分散，股权之间越具有较好的制衡效果，越不容易出现由大股东的意愿来决定是否进行技术创新的投入。经理人具有较强的自主性，若开发的项目获得政府补贴，经理人为了得到长期的收益，会根据掌握的现实情况，不断加大技术创新的投入力度。其次，国外对于技术创新的成功概率的研究发现，各行业虽有差别但基本在20%~30%，并且创新投资具有不可逆性，因此对于在企业中拥有资产的股东肯定会对这种投资决策比较慎重，企业大股东持股份额较大，他们风险分散不足，风险规避程度一般较高，就会干预经理人的决策，减少企业技术创新的投入。一旦获得政府补贴，容易产生首先补偿自己的技术创新投入，降低风险的发生，因此，本书提出研究假设 4-4 如下：

假设 4-4：股权越分散的企业，政府补贴对企业技术创新投入促进效果越好

第二节 研究设计

一、模型构建与变量选取

我们构建模型如下，并采用最小二乘回归分析方法，考察政府补贴与企业技术创新投入之间的关系。

$$R\&D=\beta_0+\beta_1 sub+\alpha X' \tag{1}$$

$$R\&D=\beta_0+\beta_1 sub+\beta_2 md+\beta_3 sub \cdot md+\alpha X' \tag{2}$$

$$R\&D=\beta_0+\beta_1 sub+\beta_2 hhi+\beta_3 sub \cdot hhi+\alpha X' \tag{3}$$

$$R\&D=\beta_0+\beta_1 sub+\beta_2 s\_hhi+\beta_3 sub \cdot s\_hhi+\alpha X' \tag{4}$$

其中，R&D 为被解释变量，表示企业的技术创新投入。sub 表示上市公司当期获得的政府补贴额，md 表示市场化进程，hhi 表示产品市场竞争，s_hhi 表示股权集中度，X 表示系列的控制变量，变量的具体定义详见表 4. 1。

表 4. 1 **主要变量的定义**

变量类型	变量	定义
被解释变量	研发投入强度（rd_assetw）	当期企业研发投入与期末资产之比
	技术人员强度（tstaff_r）	技术人员与企业总人数的比值

续表

变量类型	变量	定义
解释变量	政府补贴（subratew）	当期政府补贴总额与期末资产之比
	市场化进程（md）	樊纲、王小鲁和朱恒鹏编制的各地区市场化指数
	产品市场竞争（hhi）	一个行业中各市场竞争主体所占行业主营业务收入百分比的平方和
	股权集中度（s_hhi）	公司前5位大股东持股比例之和，大于中位数为1，小于中位数为0
控制变量	企业规模（sizew）	公司期末资产的自然对数
	资产负债率（levw）	负债表中的负债总额与资产总额的比值
	企业成长性（growthw）	总资产增值率，（期末总资产-期初总资产）/期初总资产
	盈利能力（roa_aw）	公司年末扣除非经常性损益后的净资产收益率
	两职合一情况（jian）	董事长与总经理兼任情况，兼任定义1，分离为2
	产权性质（state）	国有企业定义1，非国有企业为0
	独立董事监督（director_r）	独立董事占董事总数的比重

（1）被解释变量。本研究的被解释变量为研发投入强度和技术人员强度。

研发投入强度（rd_assetw）。新《会计准则》要求技术创新情况作为上市公司年报中必须披露的事项，如研发投入、研发产出等。参照已有研究，关于企业技术创新投入代理变量的选取，本书利用研发投入强度来表征企业技术创新投入，以上市公司年报中披露的 R&D 投入与期末总资产的比值进行测量。

技术人员强度（tstaff_r）。顾群、翟淑萍（2012）认为，研发人员的工资以及培训费用占到研发投入的50%以上，但财务报表中无法获得与此相关的信息，因此可以利用技术人员强度来测度。研发技术人员是企业技术创新活动的主要参与者，技术人员强度可以反映企业技术创新投入的情况。因此，本书以手工查询上市公司年报获得技术人员数量与企业总人数的比值进行测量。

（2）解释变量。本研究的解释变量为政府补贴、市场化进程、产品市场竞争和股权集中度。

政府补贴（subratew）。由于统计口径中没有专门的政府补贴数据，因此，本书采用上市公司利润表中的"补贴收入"作为替代，具体包括增值税返还、财政补贴、财政综合、新产品返回、税收奖励及创新鼓励等其他政府补助项目。

市场化进程（md）。定量化地测定经济市场化程度是一项极为复杂的工作。樊纲、王小鲁在借鉴国内外相关的市场化测度体系的基础上，深入研究中国市场化进程的内在机理和影响因素，提出了中国市场化指数。该数据在实证研究上得到了较多学者的应用，因此，该指数也构成了本书考量市场化进程的变量。

产品市场竞争（hhi）。本书根据已有相关研究和实践的做法（姜付秀等，2009），采用赫芬达尔-赫希曼指数（Herfindahl-Hirschman Index，以下简称HHI指数）测度产品市场竞争强度。但是整个行业内全部企业的财务数据不可能完整获得，因此，本书依据中国证监会《上市公司行业分类指引》（2012年修订）对于上市公司的行业分类标准和上市公司公布的财务数据，计算各行业的HHI指数。

股权集中度（s_hhi）。目前对于股权集中度的度量主要采用前五大股东的持股比例（张红军，2000；冯根福，2002；孙兆斌，2006）；第一大股东持股比例（白重恩，2005）；全体5%以上大股东持股比例之和（徐莉萍，2006）等。采用前五大股东的持股比例表示股权集中度得到了较多学者的支持，因此，本书也选用它来表示股权集中度。

（3）控制变量。本研究控制了一些其他有可能对于企业技术创新投入存在影响的因素，包括企业规模、资产负债率、企业成长性、盈利能力、两职合一情况、股权属性、独立董事的监督。

企业规模（sizew）。一般认为大企业和小企业在技术创新中具有不同的特点，占据不同的优势。大企业主要拥有资源优势，而小企业在技术创新方面主要具有灵活性优势。

资产负债率（levw）。低杠杆率的资本结构，有利于企业增加对于技术创新的投入力度，高负债企业对于增加技术创新的投入相对谨慎。

企业成长性（growthw）。Mowery（1983）以美国制造业企业作为样本企业进行实证研究，认为技术创新投入与企业成长性有明显的正相关关系。Alex Coada 等（2010）利用面板向量自回归模型来研究企业技术创新投入与其成长性的关系，认为增长公司加大技术创新投资的意愿要高于缩水公司。

盈利能力（roa_aw）。一般认为，由于技术创新活动投资规模较大，需要企业超额利润的支持，因此，企业盈利能力越强，资金积累越多，技术创新的投入就越多。王任飞（2005）认为企业利润率越高，它投资到技术创新上的比例越高，越有利于技术创新。

两职合一情况（jian）。一般指总经理与董事长是分离还是兼任，也被称之为“领导权结构”。两职分离可以增强董事会的独立性，加强对经理等高层管理团队的监督的有效性，促使企业做出正确的技术创新投资决策。Zahra（2000）研究认为董事长和 CEO 两职分离与企业创新水平呈正相关关系。赵旭峰、温军（2011）认为两职分离的企业其技术创新投入要显著高于两职合一。

产权性质（state）。由第一大股东的性质来决定，依据第一大股东的产权性质将上市公司划分为国有股和非国有股企业。企业由于具有不同的产权性质，激励和管理手段差异较大，国有企业的经理人为了追求个人利益的最大化，可能对于风险大、周期长的技术创新活动积极性不高。

独立董事监督（director_r）。梳理国内外相关文献发现，独立董事的比例较高可以改善公司的治理结构。独立董事制度，保障了企业存在不同的创新建议，为企业做出科学的技术创新决策提供了保障。陈昆玉（2010）的实证研究表明，独立董事占比较低的企业，其技术创新投入明显低于独立董事在董事会的比重较高的企业。

二、样本的选择与数据的获取

战略性新兴产业是以重大技术突破和重大发展需求为基础，知识技术密集、物质资源消耗少、成长潜力大、综合效益好，对经济社会全局和长远发展有重大引领带动作用的产业。2010 年 10 月国务院决定确立 7 个产业作为战略性新兴产业，重点培育和发展。与传统产业相比，战略性新兴产业在带来高成长的同时，也伴随着高投入和高风险。这种技术创新项目同时也具有较大的外部效用，需要通过政府补贴来降低企业的开发成本，减小投资风险，这将有助于企业对这类项目的投资，激励企业加大技术创新的投入力度，进而提高企业的技术创新能力。

战略性新兴产业目前还处于起步阶段，还没有详细的统计数据。同时，在对战略性新兴产业的实证研究中，对于样本的选择目前也比较混乱。本书根据以往学者对于战略性新兴产业研究样本的选择方法，结合目前沪深 A 股对于板块的划分，认为选择样本上市公司必须满足以下几点：企业所从事的行业属于七大战略性新兴产业及其子行业之一，且属于制造业（不包括软件开发及影视制作行业）；企业的第一主营业务收入来源于战略性新兴产业，且其占比必须超过 30%。因此，研究样本选择战略性新兴产业上市公司 2009—2013 年面板数据，剔除净资产为负的公司以及数据不全的公司，共得到符合要求的 292 家上市公司，上市公司样本行业和地区分布情况见表 4. 2 和图 4. 1。数据主要来源于深圳国泰安数据库（CSMAR）及巨潮网公布的企业年报。

表 4.2 **样本上市公司行业分布**

产业名称	企业数量（家）	占比
高端装备制造产业	32	10.96%
节能环保产业	38	13.01%
生物产业	31	10.62%
新材料产业	31	10.62%
新能源产业	32	10.96%
新能源汽车产业	41	14.04%
新一代信息技术产业	87	29.79%

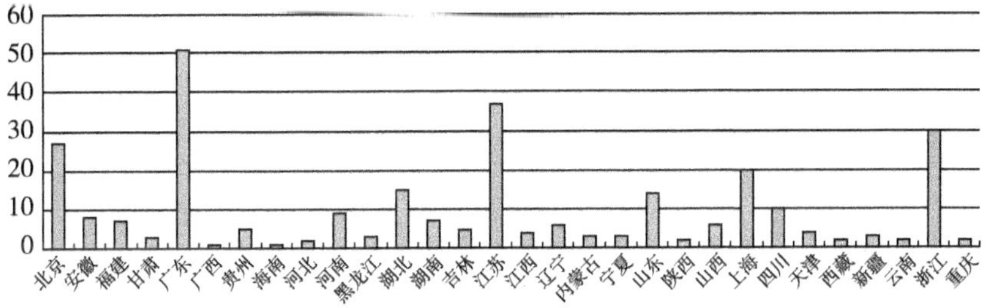

图 4.1 样本上市公司地区分布

第三节 实证分析

一、描述性统计

表 4.3 为本书主要变量的描述性统计结果。可以看出，变量的均值与其中位数较为接近，表明样本成正态分布。就企业的研发强度而言，均值仅为 2.2%，表明样本公司的研发投入水平仍然不高，且低研发投

入强度和高研发投入强度的企业存在较大的差距，最小值和最大值分别是 0.1%和 8.2%。此外，由表 4.4 可知，模型中重要变量之间的相关系数均达到显著水平。政府补贴与研发投入强度和技术人员强度显著正相关，表明政府补贴能够激励企业增加技术创新投入，假设 4-1 得到了初步的验证。

表 4.3 **主要变量的描述性统计**

	均值	标准差	最大值	最小值	中位数
rd_assetw	0.022	0.016	0.082	0.001	0.018
tstaff_r	0.209	0.149	0.876	0.016	0.162
subratew	0.008	0.008	0.044	0.001	0.005
md	9.400	2.000	11.800	0.380	9.870
hhi	0.054	0.047	0.230	0.014	0.042
s_hhi	0.513	0.499	1	0	1
sizew	21.853	1.149	25.370	19.696	21.695
levw	0.442	0.196	0.869	0.051	0.452
growthw	0.187	0.250	1.354	−0.182	0.123
roa_aw	0.042	0.047	0.196	−0.111	0.037
jian	1.748	0.434	2	1	2
state	0.500	0.500	1	0	1
director_r	0.366	0.050	0.625	0.250	0.333

二、实证回归结果

（1）初步回归结果。表 4.5 为式（1）回归结果。其中，第 1 列和第 2 列的被解释变量为研发投入强度（rd_assetw），第 3 列和第 4 列的被解释变量为技术人员强度（tstaff_r）；第 1 列和第 3 列为未加控制变

表 4.4 主要变量的相关性分析

	1	2	3	4	5	6	7	8	9	10	11	12
1. rd_assetw	—											
2. tstaff_r	0.298***	—										
3. subratew	0.311***	0.258***	—									
4. md	0.175***	0.116***	−0.015	—								
5. hhi	0.235***	0.241***	0.099***	0.127***	—							
6. s_hhi	0.062***	−0.008	−0.040	0.007	0.084**	—						
7. sizew	−0.102***	−0.021	−0.054**	−0.134***	−0.019	0.089***	—					
8. levw	−0.156***	−0.104***	−0.037	−0.123***	−0.109***	0.002	0.494***	—				
9. growthw	−0.020	−0.001	−0.014	−0.051**	−0.040	0.044	0.082***	0.087***	—			
10. roa_aw	0.201***	0.112***	0.099***	0.059**	−0.036	0.056**	−0.080***	−0.397***	0.183***	—		
11. jian	−0.091***	−0.027	−0.024	−0.165***	−0.101***	0.039	0.259***	0.195***	−0.035	−0.092***	—	
12. state	−0.057**	0.001	−0.038	−0.244***	−0.035	0.216***	0.307***	0.293***	−0.061**	−0.150***	0.355***	—
13. director_r	0.052*	0.012	0.028	0.077***	0.030	0.014	0.117***	0.043	−0.011	−0.047*	−0.104***	−0.074***

注：表中 ***，**，* 分别表示在 1%，5%，10%统计意义上显著。

量的回归结果，第2列和第4列为加入控制变量后的回归结果。由第2列我们发现以研发投入强度（rd_assetw）作为研发投入代理变量时，政府补贴越多，企业技术创新投入也越多（$\beta=0.460$，$p<0.01$）；由第4列我们发现以技术人员强度（tstaff_r）作为研发投入的代理变量时，回归结果没有实质性的改变。因此，政府补贴与企业技术创新投入之间显著正相关，即政府补贴对企业技术创新投入具有激励作用。于是，假设4-1得到了验证。

控制变量中，企业规模对其技术创新投入产生了显著的影响，但却是负向的，表明企业的规模越大，研发投入强度越低。企业盈利能力与研发投入强度显著正相关，表明企业的盈利能力越强，研发投入的强度越高。企业的产权性质与研发投入强度和研发人员强度显著正相关，表明国有企业的研发投入强度和研发人员强度较高，其他控制变量均不显著。

表4.5 政府补贴与企业技术创新投入的回归结果

	(1)	(2)	(3)	(4)
	rd_assetw		tstaff_r	
subratew	**0.512*** (10.19)**	**0.460*** (8.98)**	**3.870*** (9.26)**	**3.690*** (8.58)**
sizew		-0.00144*** (-2.95)		-0.00421(-1.06)
levw		0.00112(0.37)		-0.0422* (-1.70)
growthw		-0.00206(-1.13)		0.00772(0.52)
roa_aw		0.0750*** (7.14)		0.261*** (3.01)
jian		-0.00164(-1.53)		-0.0114(-1.25)
state		0.0016* 1(1.65)		0.0184** (2.25)
director_r		0.0122(1.42)		0.104(1.44)
_cons	-0.00709(-0.70)	0.0365*** (2.61)	0.153*** (2.63)	0.283*** (2.78)
行业	控制	控制	控制	控制
年度	控制	控制	控制	控制

续表

	(1)	(2)	(3)	(4)
	rd_assetw		tstaff_r	
N	1194	1094	1376	1269
R^2	19.11	0.3037	0.2845	0.3105
F Value	0.2457	17.22	26.94	20.70

注：表中数据为各自变量的回归系数，括号内为修正后的 T 值；***，**，*分别表示在1%，5%，10%统计意义上显著。

（2）进一步分析。为了进一步验证假设4-2、假设4-3和假设4-4，分别将研发投入强度（rd_assetw）和技术人员强度（tstaff_r）作为研发投入的代理变量，考察在不同市场化进程的地区、处于不同产品市场竞争的行业以及在股权集中度不同的企业，政府补贴对企业技术创新投入的影响是否存在差异。表4.6为式（2）~（4）回归结果。其中，第1~第3列的被解释变量为研发投入强度（rd_assetw），第4~第6列的被解释变量为技术人员强度（tstaff_r）。由第1列我们发现市场化进程和政府补贴的交互项与企业研发投入强度显著正相关，表明在市场化进程越高的地区，政府补贴能够提高企业研发投入强度（β=0.0681，p<0.01）；由第4列我们发现市场化进程和政府补贴的交互项与技术人员强度显著正相关，表明在市场化进程越高的地区，政府补贴能够提高企业技术人员强度（β=1.178，p<0.01）。因此，在市场化进程越高的地区，政府补贴对企业技术创新投入激励作用越显著。于是，假设4-2得到了验证。

由第4-2列我们发现产品市场竞争和政府补贴的交互项与企业研发投入强度显著正相关，表明产品市场竞争越弱的行业，政府补贴能够提高企业研发投入强度（β=11.12，p<0.01）；由第5列我们发现产品市场竞争和政府补贴的交互项与技术人员强度显著正相关，表明产品市场竞争越弱的行业，政府补贴能够提高企业技术人员强度（β=63.99，p<

表 4.6 市场化进程、产品市场竞争以及股权集中度与政府补贴的交互效应

	(1)	(2)	(3)	(4)	(5)	(6)
	rd_assetw			tstaff_r		
	md	hhi	S_hhi	md	hhi	S_hhi
subratew	-0.186(-0.76)	-0.175**(-2.11)	0.561***(7.90)	-7.325***(-3.65)	0.0284(0.04)	4.816***(7.95)
sizew	-0.00132***(-2.72)	-0.00137***(-2.94)	-0.00144***(-2.97)	-0.00345(-0.88)	-0.00387(-0.99)	-0.00384(-0.97)
levw	0.000681(0.23)	-0.000515(-0.18)	0.00177(0.59)	-0.0484**(-1.98)	-0.0544**(-2.21)	-0.0405(-1.63)
growthw	-0.00185(-1.02)	-0.00231(-1.32)	-0.00212(-1.16)	0.00962(0.65)	0.00984(0.67)	0.00959(0.64)
roa_aw	0.0707***(6.76)	0.0702***(6.95)	0.0746***(7.11)	0.215**(2.51)	0.226***(2.64)	0.280***(3.22)
jian	-0.00144(-1.34)	-0.00119(-1.15)	-0.00167(-1.55)	-0.00900(-1.00)	-0.00805(-0.89)	-0.0115(-1.27)
state	0.00196**(1.99)	0.00122(1.30)	0.00126(1.27)	0.0201**(2.44)	0.0167**(2.07)	0.0207**(2.48)
director_r	0.00926(1.08)	0.0104(1.26)	0.0119(1.38)	0.0808(1.14)	0.0996(1.41)	0.118(1.64)
md	0.000165(0.53)			-0.00353(-1.35)		
mdsubratew	**0.0681*** (2.70)**			**1.178*** (5.65)**		
hhi		-0.0392***(-2.81)			-0.260**(-2.11)	

续表

	(1)	(2)	(3)	(4)	(5)	(6)
	rd_assetw			tstaff_r		
	md	hhi	S_hhi	md	hhi	S_hhi
hhisubratew		**11.12*** (9.45)**			**63.99*** (6.59)**	
s_hhi			0.00296** (2.41)			0.00792(0.76)
s_hhisubratew			**-0.197* (-1.95)**			**-2.323*** (-2.73)**
_cons	0.0337** (2.36)	0.0397*** (2.95)	0.0152(1.10)	0.307*** (2.89)	0.306*** (3.01)	0.263*** (2.59)
行业/年度	控制	控制	控制	控制	控制	控制
N	1094	1094	1094	1269	1269	1269
R^2	0.3159	0.3587	0.3076	0.3346	0.3341	0.3159
F Value	16.94***	20.52***	16.30***	21.48	21.44	19.73

注：表中数据为各自变量的回归系数，括号内为修正后的 *T* 值；***，**，* 分别表示在1%，5%，10%统计意义上显著。

0. 01）。因此，在产品市场竞争越弱的行业，政府补贴对企业技术创新投入促进效果越好。于是，假设 4-3 得到了验证。

由第 3 列我们发现股权集中度和政府补贴的交互项与企业研发投入强度显著负相关，表明企业股权越分散，政府补贴能够提高企业研发投入强度（$\beta=0.197$，$p<0.01$）；由第 6 列我们发现股权集中度和政府补贴的交互项与技术人员强度显著负相关，表明企业股权越分散，政府补贴能够提高企业技术人员强度（$\beta=63.99$，$p<0.01$）。因此，股权越分散，政府补贴对企业技术创新投入促进效果越好。于是，假设 4-4 得到了验证。

三、稳健性检验

为了使本书发现的结果更加稳健，我们对本书回归结果进行如下稳健性检验。我们将企业研发投入与营业总收入的比值作为被解释变量，将企业补贴与营业总收入的比值作为解释变量进行回归，其结果见表 4.7。可以发现，政府补贴与研发投入强度和研发人员强度均显著为正，从而支持了前文假设 4-1 及其对应表 4.5 的结果，即政府补贴能够激励企业增加技术创新的投入。

表 4.7　政府补贴与企业技术创新投入的回归结果（稳健性检验）

	(1)	(2)	(3)	(4)
	rd_assetw		tstaff_r	
sub_tincomew	0.602***(14.81)	0.530***(13.15)	1.385***(8.94)	1.283***(8.07)
sizew		−0.00160*(−1.59)		−0.00618(−1.55)
levw		−0.0438***(−7.06)		−0.0109(−0.44)
growthw		0.00235(0.62)		−0.000606(−0.04)
roa_aw		−0.0240(−1.11)		0.394***(4.56)

续表

	(1)	(2)	(3)	(4)
	rd_assetw		tstaff_r	
jian		−0.00467** (−2.08)		−0.00961(−1.05)
state		−0.000392(−0.19)		0.0190** (2.31)
director_r		0.0232(1.29)		0.101(1.40)
_cons	−0.0392* (−1.80)	0.114*** (3.91)	0.0959* (1.61)	0.305*** (2.99)
行业	控制	控制	控制	控制
年度	控制	控制	控制	控制
N	1194	1094	1376	1269
R^2	0.3092	0.3655	0.2816	0.3060
F Value	26.25	22.75	26.56	20.27

四、研究结论

社会的发展依靠技术的进步，技术的进步离不开企业的技术创新活动。技术创新活动无法避免市场失灵的问题，政府要通过补贴来弥补市场的失灵。然而，政府的补贴会加快产能过剩，信息披露、制度建设的缺陷也会造成补贴出现“政府失灵”的现象。为此，本书以战略性新兴产业上市公司2009—2013年面板数据为样本，研究政府补贴是否能够起到激励企业增加技术创新投入，如何有效发挥补贴的杠杆作用。结果发现：

(1) 政府补贴激励企业增加技术创新投入。(2) 在市场化进程越高的地区，政府补贴对企业技术创新投入激励作用越显著。(3) 在产品市场竞争越弱的行业，政府补贴对企业技术创新投入促进效果越好。(4) 在股权越分散的企业，政府补贴对企业技术创新投入促进效果越好。

第四节 本章小结

本章基于微观数据检验不同的市场化进程的地区、不同产品市场竞争的产业和不同公司治理下的企业，政府补贴与企业技术创新投入之间的关系，发现：(1) 政府补贴激励企业增加技术创新投入。(2) 在市场化进程越高的地区，政府补贴对企业技术创新投入激励作用越显著。(3) 在产品市场竞争越弱的行业，政府补贴对企业技术创新投入促进效果越好。(4) 对于股权越分散的企业，政府补贴对企业技术创新投入促进效果越好。本章的研究结果具有较强的政策意义。

本章的政策建议表现为：(1) 充分发挥政府补贴的杠杆作用，激励企业增加技术创新投入。(2) 对于不同市场化进程的地区，不同产品市场竞争的行业以及不同股权集中度的企业，实施有差别的补贴政策，以此来激励企业增加技术创新投入。(3) 推进各地区的市场化进程，发挥政府补贴促进企业技术创新投入的激励作用。(4) 通过兼并重组等手段，实现创新要素的整合，提高战略性新兴产业的行业集中度，发挥政府补贴对企业技术创新投入的促进效果。(5) 优化股权结构，推进国有企业混合所有制改革，从而使政府补贴能够更好地促进企业技术创新投入。

第五章　政府补贴对企业技术创新产出的影响

学术界对于政府补贴能否促进技术创新产出增加，仍然没有一致的观点。一种观点认为，政府补贴能够降低企业的技术创新风险，提高了企业技术创新的积极性，可以促进技术创新产出的增加，这种观点得到了较多学者的支持。另一种观点认为，政府补贴对企业技术创新产出的增加并没有显著的影响。梳理以往的文献，对于政府补贴能否促进企业技术创新产出的研究相对较少，支持政府补贴对企业技术创新产出具有正向影响的学者，也并未对不同因素影响政府补贴发挥作用的理论机理进行深入的研究。因此，本章基于微观数据验检不同市场化进程的地区、不同产品市场竞争的产业以及不同股权集中度的企业，政府补贴与战略性新兴产业企业技术创新产出之间的关系，以此来发现政府补贴是否对技术创新具有正向的促进作用，并且从宏观制度环境、中观市场结构及微观公司治理三个层次来寻找影响政府补贴发挥作用的重要因素，探究其发挥杠杆作用的理论机理。

第一节　研究假设

一、政府补贴与企业技术创新产出

一般来说，企业无论处于何种行业和何种生命周期阶段，技术创新投入都是决定企业技术创新产出的重要因素，并且技术创新投入越多，企业技术创新产出就越多，这一点已经得到了学者的普遍认可。然而，对于政府补贴能否增加企业技术创新产出的研究较少，并且政府补贴对企业技术创新产出是否具有显著的促进作用尚未达成共识。

国外学者 Dirk Fornahl 等（2011）以德国生物科技企业为研究对象发现，政府补贴对联合研发项目的技术创新产出水平有明显促进作用，但对单个公司的技术创新产出并没有明显的作用。Bjorn Alecke 等（2012）研究发现享受财政补贴的公司比未享受财政补贴的公司拥有更高的专利申请数量，政府补贴对企业技术创新产出具有显著的促进作用。

国内学者郭晓丹、何文稻（2011）研究认为政府补贴能够促进企业技术创新的产出。樊琦、韩民春（2011）研究发现我国财政补贴政策对在提高国家及区域自主创新产出方面有着十分显著的影响。王俊（2010）认为政府补贴对专利产出的激励效应是不显著的，政府补贴对企业自主创新的正面影响存在一定的不确定性。

从目前国内外的研究中，我们看到国内外较多的学者认为政府补贴能够促进企业技术创新的产出。政府补贴在企业进行技术创新过程中起信号作用，能够引导企业的技术发展方向，确定其技术发展路径，并且为企业解决了在筹措技术创新经费上的困难，还可以降低企业技术创新中的风险，促进企业技术创新产出的增加。因此，本书提出研究假设 5-1 如下：

假设 5-1：政府补贴促进企业技术创新产出的增加

二、市场化进程、政府补贴与企业技术创新产出

市场化程度能够深刻影响一个国家或地区的行政效率、司法效率以及产权保护等制度的建设和完善程度，进而决定了对于投资者的保护程度、对于市场参与者的信息获取程度等。因此，在研究政府补贴对企业

技术创新产出是否具有显著的促进作用时，必须考虑各地区市场化进程的差异所带来的影响。目前我国正处于由计划经济向市场经济转变的过程中，市场化程度已然较高，但是各地区由于国家政策和产业基础的差异，资源禀赋的不同，市场化进程的地域性差异较为明显。这为对比研究制度环境对于政府补贴对企业技术创新产出的作用是否存在差异提供了可能。

国内外学者对于市场化进程对于企业的创新绩效进行了较多的研究。Grossman Gene M、Lai Edwin L（2004）通过研究发现：企业若所处在市场环境存在较强的竞争，则更加愿意进行 R&D 投资。竞争的市场环境为企业技术创新的持续投资提供了内在的保障机制，有助于提升企业的创新绩效。Yang Lei、Maskus Keith E（2009）进行了更加深入的研究认为：在市场化进程越高的地区，可以规避企业倾向于从事简单的技术模仿，从而使企业更多地关注技术创新。张宗和、彭昌奇（2009）利用改进的知识生产函数，通过对我国 30 个省域的面板数据进行研究，表明企业 R&D 投入对技术创新产出的影响取决于市场化程度，市场化程度越高，影响越显著。纪晓丽（2011）选取 2003-2005 年沪深两市 A 股市场非金融类公司作为考察对象，研究认为企业技术创新强度不仅与地区市场化进程正相关，而且 R&D 的专利转化程度与效率对法制环境存在差异化依存关系。戴魁早、刘友金（2013）基于中国高技术产业 1995—2010 年的面板数据进行研究发现，随着市场化程度在我国高技术产业的不断提高，不仅产业资源得到了优化配置，而且技术水平也大幅度提高，进而使高技术产业的创新效率也得到了有效的提升。

关于在不同市场化进程的地区，政府补贴对企业技术创新产出产生了怎样的影响，国内外的学者研究得较少。樊琦、韩民春（2011）研究认为我国财政补贴政策对在提高国家及区域自主创新产出方面存在着十分显著的影响。经济相对发达和科研基础较好地区的财政补贴投入对自主专利产出影响的弹性系数整体上明显大于经济相对落后地区。

根据以上研究，我们认为在市场化进程较快的地区，企业赢得市场的途径只能是提供更好的产品和服务。如果政府给予企业补贴，则犹如雪中送炭，企业会想办法提高补贴资金的利用效率，同时会自主地加大资金投入进行技术创新，进而带动企业技术创新产出的增加，使企业不断地开发出市场需要的新产品，使其在激烈的市场竞争中立于不败之地；相反，一些地区政府干预企业的经营较多，企业难以通过正常的市场竞争和开发新产品来获得在市场中的竞争地位，而是要凭借与政府的关系等非竞争的方式来获得市场利润，企业也不可能对技术创新进行持续的投入，若获得了政府的补贴，就会想办法挪作他用并以此来获取利润。于是，政府补贴难以促进企业技术创新产出的增加。因此，本书提出研究假设 5-2 如下：

假设 5-2：在市场化进程越高的地区，政府补贴对企业技术创新产出的促进作用越显著

三、产品市场竞争、政府补贴与企业技术创新产出

自从熊彼特开创性地提出创新理论以来，引起了各国学者对于市场竞争与技术创新关系的关注，不仅从理论方面进行了激烈的争论，而且还利用实证数据进行了检验。但是到目前为止，还并没有形成共识。对现存的文献进行梳理发现，对于其关系大致可以分为三种观点：第一，市场的垄断有助于创新，市场竞争与技术创新存在显著的负相关关系；第二，市场竞争有利于创新，竞争与技术创新存在显著的正相关关系；第三，适度的垄断或竞争才有助于技术创新，竞争与技术创新存在非线性的倒 U 型关系。

根据国内外学者的研究，我们发现较多的学者支持熊彼特假说，认为市场集中度越高越有助于激励企业从事研究和开发活动。随着产业集中度的提高，产品市场竞争程度的减弱，企业研发的风险和成本可控的程度也在加强，企业技术创新的动力和意愿也增强，政府补贴会强化这种动机和意愿，促使企业增加技术创新的投入，使企业能够获得较多的

专利成果。同时，由于市场中的竞争对手不多，另外企业本身所处的行业又存在一定的垄断性，因此，新产品投入市场后获得成功的概率较大，更加激发企业的研发积极性。相反，在产品市场竞争程度越强的行业，企业间相互竞争的程度也越激烈，迫使很多企业采用剽窃和模仿竞争对手等手段，创新的先机随时可能被其他企业抢占，企业技术创新的风险和成本都比较大，于是企业也就缺乏了技术创新的动力和意愿，创新失去了对企业的吸引力，政府补贴对技术创新的杠杆作用也就消失了。因此，本书提出研究假设 5-3 如下：

假设 5-3：产品市场竞争越弱，政府补贴对企业技术创新产出的促进效果越好

四、股权集中度、政府补贴与企业技术创新产出

股权集中度是指全部股东因持股比例的不同所表现出来的股权集中还是分散的数量化指标。国内外学者关于股权集中度对企业技术创新产出影响的观点主要有三种。（1）股权集中度与企业技术创新产出具有正向关系。首先，股权越集中就会有能力对董事会实施有效的控制，这样就能够选择能力更强的经理人。其次，可以提高大股东对企业的监督和控制能力，保障大股东对于公司决策的影响力，做出有效的公司决策。另外，大股东相对于小股东来说，更加关注公司的长远发展，也更倾向于通过技术创新来保持企业的竞争力。（2）股权集中度与企业技术创新产出具有负向关系。股权集中度越高，大股东越承担更多的经营风险。技术创新项目投资大、风险也大，大股东不愿意承担过多的风险，投资意愿就会降低。（3）股权集中度与企业技术创新产出具有非线性关系。冯根福、温军（2008）认为存在倒 U 型关系。在股权相对分散的企业中，中小股东的持股比例普遍偏低，意见也相对分散，企业比较容易选择模仿和复制的方式进行经营，企业技术创新中存在的代理问题难以解决。在股权相对集中的企业中，大股东的目的就是实现个人

利益的最大化，会监督和敦促经理人从事技术创新活动，实现企业的长远发展目标，解决技术创新中的代理问题。可是随着股权集中度的不断提高，将会使大股东的资产高度集中，从而加大了大股东资产风险，然而该风险又难以分担和转移，就会导致大股东对企业技术创新项目的投资意愿逐渐降低。

根据国内外学者的观点，本书认为股权越分散，股权之间具有较好的制衡效果，不容易出现由大股东的意愿来决定是否增加技术创新的投入。经营者具有较强的自主性，若开发的项目获得政府补贴，经营者会加大技术创新的投入，以期获得高的技术创新产出，从而获得长期的收益。战略性新兴产业具有高投入和高风险的特点，大股东持股份额越大，他们的风险就越不容易分散，因而容易产生风险规避心理，就会干预经营者的决策，一旦获得政府补贴，容易产生首先补偿自己的技术创新投入，降低风险的发生。因此，本书提出研究假设 5-4 如下：

假设 5-4：股权越分散，政府补贴对企业技术创新产出的促进效果越好

第二节　研究设计

一、模型构建与变量选取

我们构建如下模型并使用最小二乘回归分析方法检验政府补贴与企业技术创新产出之间的关系。

$$RD=\beta_0+\beta_1 sub+\alpha X' \quad (1)$$

$$RD=\beta_0+\beta_1 sub+\beta_2 md+\beta_3 sub\cdot md+\alpha X' \quad (2)$$

$$RD=\beta_0+\beta_1 sub+\beta_2 hhi+\beta_3 sub\cdot hhi+\alpha X' \quad (3)$$

$$RD=\beta_0+\beta_1 sub+\beta_2 s\_hhi+\beta_3 sub\cdot s\_hhi+\alpha X' \quad (4)$$

其中，RD 为被解释变量，表示企业的技术创新产出。sub 表示上市公司当期获得的政府补贴额，md 表示市场化进程，hhi 表示产品市场竞争，s_hhi 表示股权集中度，*X* 表示系列的控制变量。变量的具体定义详见表 5.1。

表 5.1 **主要变量的定义**

变量类型	变量	定义
被解释变量	发明申请量（lntinvent）	当期企业发明申请量的自然对数
	专利申请量（lntpatent）	当期企业专利申请量的自然对数
解释变量	政府补贴（subratew）	当期政府补贴总额与期末资产之比
	市场化进程（md）	樊纲、王小鲁和朱恒鹏编制的各地区市场化指数
	产品市场竞争（hhi）	一个行业中各市场竞争主体所占行业主营业务收入百分比的平方和
	股权集中度（s_hhi）	公司前 5 位大股东持股比例之和，大于中位数为 1，小于中位数为 0
控制变量	企业规模（sizew）	公司期末资产的自然对数
	资产负债率（levw）	负债表中的负债总额与资产总额的比值
	企业成长性（growthw）	总资产增值率，（期末总资产-期初总资产）/期初总资产
	盈利能力（roa_aw）	公司年末扣除非经常性损益后的净资产收益率
	两职合一情况（jian）	董事长与总经理兼任情况，兼任定义 1，分离为 2
	产权性质（state）	国有企业定义 1，非国有企业为 0
	独立董事监督（director_r）	独立董事占董事总数的比重

（1）被解释变量。反映企业技术创新产出水平的指标包括专利数量和新产品的销售收入。鉴于新产品的统计口径和定义并不清晰，结合罗思平、于永达（2012）的研究成果，本书选择专利数量反映技术创新的产出水平。当以专利数量作为技术创新产出水平时，其值采用专利申请量而非授权量，主要因为一项专利从申请到授权需要1~2年的时间。因此，专利授权量在反映当期的创新水平时存在一定的缺陷，并且相对于授权量申请量受专利机构工作效率和偏好等影响较小（岳书敬，2008）。但是专利由于包括发明、实用新型和外观设计，只采用专利数量可能夸大了技术创新的产出水平。因此，本书选择企业专利申请量（lntinvent）和发明申请量（lntpatent）的自然对数作为企业技术创新产出的代理变量。数据主要来源于国家知识产权局及SOOPAT专利检索并手工整理获得。

（2）解释变量。本研究的解释变量为政府补贴、市场化进程、产品市场竞争和股权集中度，测量方法详见第四章第二节。

（3）控制变量。本研究控制了其他一些可能影响企业R&D产出的因素，主要包括企业规模、资产负债率、企业成长性、盈利能力、两职合一情况、股权属性、独立董事的监督，测量方法详见第四章第二节。

二、样本的选择与数据的获取

研究样本选择战略性新兴产业上市公司2009—2013年面板数据，剔除净资产为负的公司以及数据不全的公司，共得到符合要求的292家上市公司。数据主要来源于深圳国泰安数据库（CSMAR）及巨潮网公布的企业年报，样本选取同第四章第二节。

第三节 实证分析

一、描述性统计

表5.2为本书主要变量的描述性统计结果。可以看出，变量的均值与其中位数较为接近，表明样本成正态分布。就企业发明年度申请数而言，均值仅为2.3，表明样本公司年度申请发明的数量仍然不高，且年度发明申请数最高的企业与最低的企业差距明显，最大值和最小值分别是8.6和0。此外，表5.3显示模型中重要变量之间的相关系数均达到显著水平。政府补贴与发明申请量和专利申请量显著正相关，表明政府补贴能够促进企业技术创新产出的增加，假设5-1得到了初步的验证。

表5.2 主要变量的描述性统计

	均值	标准差	最大值	最小值	中位数
tinvent	2.313	1.475	8.677	0	2.197
tpatent	3.080	1.535	8.768	0	3.044
subratew	0.008	0.008	0.044	0.001	0.005
md	9.400	2.000	11.800	0.380	9.870
hhi	0.054	0.047	0.230	0.014	0.042
s_hhi	0.513	0.499	1	0	1
sizew	21.853	1.149	25.370	19.696	21.695
levw	0.442	0.196	0.869	0.051	0.452
growthw	0.187	0.250	1.354	-0.182	0.123
roa_aw	0.042	0.047	0.196	-0.111	0.037
jian	1.748	0.434	2	1	2
state	0.500	0.500	1	0	1
director_r	0.366	0.050	0.625	0.250	0.333

表 5.3 主要变量的相关性分析

	tinvent	tpatent	subratew	md	hhi	s_hhi	sizew	levw	growthw	roa_aw	jian	state
tinvent	—											
tpatent	0. 872***	—										
subratew	0. 151***	0. 124***	—									
md	0. 004	0. 011	−0. 015	—								
hhi	0. 118***	0. 125***	0. 099***	0. 127***	—							
s_hhi	0. 033	0. 024	−0. 040	0. 007	0. 084**	—						
sizew	0. 551***	0. 573***	−0. 054**	−0. 134***	−0. 019	0. 089***	—					
levw	0. 275***	0. 299***	−0. 037	−0. 123***	−0. 109***	0. 002	0. 494***	—				
growthw	0. 083***	0. 095***	−0. 014	−0. 051**	−0. 040	0. 044	0. 082***	0. 087***	—			
roa_aw	0. 006	0. 009	0. 099***	0. 059**	−0. 036	0. 056**	−0. 080***	−0. 397***	0. 183***	—		
jian	0. 122***	0. 131***	−0. 024	−0. 165***	−0. 101***	0. 039	0. 259***	0. 195***	−0. 035	−0. 092***	—	
state	0. 200***	0. 159***	−0. 038	−0. 244***	−0. 035	0. 216***	0. 307***	0. 293***	−0. 061**	−0. 150***	0. 355***	—
director_r	0. 163***	0. 168***	0. 028	0. 077***	0. 030	0. 014	0. 117***	0. 043	−0. 011	−0. 047*	−0. 104***	−0. 074***

注：表中 ***，**，*分别表示在1%，5%，10%统计意义上显著。

二、实证回归结果

（1）初步回归结果。表5.4为式（1）回归结果。其中，第1列和第2列的被解释变量为发明申请量（lntinvent），第3列和第4列的被解释变量为专利申请量（lntpatent）；第1列和第3列为未加控制变量的回归结果，第2列和第4列为加入控制变量后的回归结果。由第2列我们发现以发明申请量（lntinvent）作为技术创新产出代理变量时，政府补贴越多，企业技术创新产出也越多（$\beta=26.09$，$p<0.01$）；由第4列我们发现以专利申请量（lntpatent）作为技术创新产出的代理变量时，回归结果没有实质性的改变。因此，政府补贴与企业技术创新产出之间显著正相关，即政府补贴对企业技术创新产出具有激励作用。于是，假设5-1得到了验证。

表5.4 **政府补贴与企业R&D产出的回归结果**

	(1)	(2)	(3)	(4)
	rd_assetw		tstaff_r	
subratew	23.03***(4.62)	26.09***(6.32)	22.72***(4.70)	23.76***(6.07)
sizew		0.683***(18.43)		0.721***(20.61)
levw		0.472*(1.96)		0.445**(1.97)
growthw		0.160(1.12)		0.0964(0.72)
roa_aw		2.289***(2.79)		3.306***(4.26)
jian		−0.0598(−0.68)		−0.0180(−0.22)
state		0.195**(2.49)		0.0166(0.23)
director_r		2.062***(3.05)		2.107***(3.28)
_cons	−0.324(−0.23)	−14.64***(−10.77)	2.240***(3.17)	−14.67***(−16.56)

续表

	(1)	(2)	(3)	(4)
	rd_assetw		tstaff_r	
行业/年度	控制	控制	控制	控制
N	1203	1112	1283	1185
R^2	0.086	0.424	0.156	0.489
F Value	7.01	34.90	14.73	48.32

注：表中数据为各自变量的回归系数，括号内为修正后的 T 值；***，**，*分别表示在 1%，5%，10%统计意义上显著。

控制变量中，企业规模对其技术创新投入产生了显著的影响，表明企业的规模越大，技术创新产出越多。企业盈利能力与技术创新产出显著正相关，表明企业的盈利能力越强，技术创新产出越多。企业独立董事监督与技术创新产出显著正相关，表明企业独立董事占董事总数的比重越大，技术创新的产出越多。

（2）进一步分析。为了进一步验证假设 5-2、假设 5-3 和假设 5-4，分别将发明申请量（lntinvent）和专利申请量（lntpatent）作为技术创新产出的代理变量，考察在不同市场化进程的地区、处于不同产品市场竞争的行业以及在股权集中度不同的企业，政府补贴对企业技术创新产出的影响是否存在差异。表 5.5 为式（2）～（4）回归结果。其中，第 1～第 3 列的被解释变量为发明申请量（lntinvent），第 4～第 6 列的被解释变量为专利申请量（lntpatent）。由第 1 列我们发现市场化进程和政府补贴的交互项与企业发明申请量正相关，边际显著，表明在市场化进程越高的地区，政府补贴促使企业发明申请量的增加（$\beta=3.53$，$t=1.58$）；由第 4 列我们发现市场化进程和政府补贴的交互项与企业专利申请量显著的正相关，表明在市场化进程越高的地区，政府补贴促使企业专利申请量的增加（$\beta=4.33$，$p<0.05$）。因此，在市场化进程越高的地区，政府补贴对企业技术创新产出促进作用越显著。于是，假设 5-2 得到了验证。

表 5.5　　市场化进程、产品市场竞争以及股权集中度与政府补贴的交互效应

	(1)	(2)	(3)	(4)	(5)	(6)
	rd_assetw			tstaff_r		
	md	hhi	S_hhi	md	hhi	S_hhi
subratew	60.02*** (2.77)	11.32(1.64)	23.16*** (4.04)	65.60*** (3.23)	16.91*** (2.58)	19.51*** (3.58)
sizew	0.689*** (18.57)	0.686*** (18.52)	0.685*** (18.50)	0.732*** (20.87)	0.720*** (20.51)	0.723*** (20.72)
levw	0.465* (1.92)	0.407* (1.68)	0.436* (1.80)	0.427* (1.89)	0.426* (1.88)	0.410* (1.82)
growthw	0.183(1.28)	0.177(1.24)	0.171(1.20)	0.129(0.96)	0.106(0.79)	0.108(0.81)
roa_aw	2.231*** (2.71)	2.137*** (2.61)	2.429*** (2.95)	3.241*** (4.17)	3.275*** (4.22)	3.474*** (4.47)
jian	−0.0508(−0.58)	−0.0550(−0.62)	−0.0620(−0.70)	−0.0100(−0.12)	−0.00827(−0.10)	−0.0208(−0.25)
state	0.229*** (2.89)	0.192** (2.46)	0.235*** (2.93)	0.0598(0.80)	0.0131(0.18)	0.0650(0.86)
director_r	1.974*** (2.93)	2.036*** (3.02)	2.123*** (3.14)	1.997*** (3.12)	2.120*** (3.30)	2.192*** (3.41)
md	0.0719*** (2.72)			0.0838*** (3.39)		
mdsubratew	**3.525(1.58)**			**4.330** ** **(2.09)**		
hhi		−2.216** (−1.97)			−0.167(−0.15)	
hhisubratew		**249.1** *** **(2.65)**			**118.1(1.31)**	

续表

	(1)	(2)	(3)	(4)	(5)	(6)
	rd_assetw			tstaff_r		
	md	hhi	S_hhi	md	hhi	S_hhi
s_hhi			−0.200** (−1.99)			−0.254*** (−2.70)
s_hhisubratew			**4.631(0.56)**			**7.185(0.93)**
_cons	−15.35*** (−11.12)	−14.55*** (−10.73)	−14.68*** (−10.80)	−15.80*** (−16.78)	−14.65*** (−16.38)	−14.77*** (−16.68)
行业/年度	控制	控制	控制	控制	控制	控制
N	1112	1112	1112	1185	1185	1185
R^2	0.428	0.429	0.427	0.493	0.489	0.494
F Value	32.58	32.67	32.41	45.08	44.51	45.29

注:表中数据为各自变量的回归系数,括号内为修正后的 *T* 值; ***, **, * 分别表示在 1%,5%,10%统计意义上显著。

由第2列我们发现，产品市场竞争和政府补贴的交互项与企业发明申请量显著正相关，表明在产品市场竞争越弱的行业，政府补贴促使企业发明申请量的增加（$\beta = 249.1$，$p < 0.01$）；由第5列我们发现，产品市场竞争和政府补贴的交互项与企业专利申请量正相关，边际显著，表明在产品市场竞争越弱的行业，政府补贴促使企业专利申请量的增加（$\beta = 118.1$，$t = 1.31$）。因此，产品市场竞争越弱，政府补贴对企业技术创新产出的促进效果越好。于是，假设5-3得到了验证。

由第3列我们发现，股权集中度和政府补贴的交互项与企业发明申请量正相关，但不显著（$\beta = 4.631$，$t = 0.56$）；由第6列我们发现，股权集中度和政府补贴的交互项与企业专利申请量正相关，但不显著（$\beta = 7.185$，$t = 0.93$）。因此，假设5-4未得到验证。

三、研究结论

本书以战略性新兴产业上市公司2009—2013年面板数据为样本，研究政府补贴是否能够起到使企业技术创新产出增加。结果发现：（1）政府补贴促进企业技术创新产出的增加。（2）在市场化进程越高的地区，政府补贴对企业技术创新产出的促进作用越显著。（3）产品市场竞争越弱，政府补贴对企业技术创新产出的促进效果越好。（4）在不同股权集中度的企业，政府补贴对企业技术创新产出的影响不显著。

第四节　本章小结

本章基于微观数据验检在不同的市场化进程的地区、不同产品市场竞争的产业和不同公司治理下的企业，政府补贴与企业技术创新产出之间的关系。发现：（1）政府补贴促进企业技术创新产出的增加。（2）在市场化进程越高的地区，政府补贴对企业技术创新产出的促进作用越显著。(3) 产品市场竞争越弱，政府补贴对企业技术创新产出的促进效果越好。(4) 在不同股权集中度的企业，政府补贴对企业技术创新产出的影响不显著。本章的研究结果具有较强的政策意义。

本章的政策建议表现为：(1) 充分发挥政府补贴的杠杆作用，促进企业技术创新产出的增加。(2) 对于不同市场化进程的地区、不同产品市场竞争的行业及不同股权集中度的企业，实施有差别的补贴政策，以此来促进企业技术创新产出的增加。(3) 通过兼并重组等手段，实现创新要素的整合，提高战略性新兴产业的行业集中度，发挥政府补贴对企业技术创新产出的促进效果。

第六章　政府补贴对企业技术创新效率的影响

通过文献梳理发现，学术界对于政府补贴能否促进企业技术创新效率分歧较大。目前的观点主要集中在三个方面。一种观点认为政府补贴促进了企业技术创新效率的提升。另一种观点认为政府补贴降低了企业的技术创新效率。还有一种观点认为政府补贴与企业技术创新效率不相关。为了得到研究结论，本章首先测度了战略性新兴产业的技术创新效率，进而研究了政府补贴能否促进战略性新兴产业的技术创新效率，并考察了在不同市场化进程的地区、不同产品市场竞争的产业以及不同股权集中度的企业，政府补贴与企业技术创新的关系，探究政府补贴发挥杠杆作用的理论机理。

第一节　战略性新兴产业的企业技术创新效率

现存研究主要关注的是国家、地区和行业等方面的技术创新能力，对技术创新效率关注相对较少。虽然对技术创新效率的研究也不少，但由于技术创新效率内涵的界定尚未清晰以及测定方法的差异仍然较大，导致效率的研究仍然有待深入。技术创新效率可理解为技术创新投入与产出之间的一种转换关系，但该关系可以被度量。

一、测度方法

当前，参数法和非参数法是度量技术创新效率的主要手段。随机前沿分析（Stochastic Frontier Approach，SFA）是参数法的主要分析工具，于1977年分别由Aigner团队和Meeuser团队各自独立提出。SFA通过对数据的随机性假设，利用计量方法估计前沿生产函数，并且能判断模型拟合质量以及进行统计检验。国内不少学者应用此方法进行了相关研究，如冯根福、刘军虎等（2006）利用SFA对我国工业部门研发效率进行了测量，并检验了其影响因素。朱有为、徐康宁（2006）测度了我国高技术产业的技术创新效率，同时检验了企业规模和市场结构因素对技术创新效率的影响。

由Charnes等于1978年提出的采用数学规划方法计算投入产出效率的数据包络分析（Data Envelopment Analysis，DEA）是非参数方法的代表。DEA在国内运用较多，如许治、师萍（2005）测度了我国1985—2003年科技投入的相对效率。赵树宽、余海晴（2013）利用实地调研获取的数据，对吉林省151家高技术企业创新活动的效率、有效性、规模收益进行了评价，并进行了投影分析。

这两种测度方法各有特点，但DEA由于设定了确定边界，并且不考虑测量误差的存在，而SFA在测量误差和统计干扰处理上具有优势。因此，本书选用此种测度方法。

二、模型假定

利用随机前沿生产函数评价技术创新效率的关键是投入产出指标的筛选。国内外学者在评价企业技术创新时，一般选择研发人数和研发费用作为投入指标。如冯根福、刘军虎等（2006），刘云、杨湘浩（2012）选取研发经费作为资本支出指标，技术人员作为劳动支出指标。衡量技术创新产出的指标有许多，技术创新产出衡量指标较多，多以专利申请数和新产品营收为主，因销售收入统计口径和定义并不清晰，20 世纪 70 年代后，专利数量成为技术创新产出的主要衡量指标。参考现有文献资料，本书生产函数的投入指标为企业当期的研发人员和费用，产出指标为当期申请专利数量。

参考朱有为等（2006）以及 Coelli（1995）的模型，本书随机前沿生产函数模型为：

$$\ln Y_{it} = b_0 + \alpha \ln RD_{it} + \beta \ln RDP_{it} + V_{it} - U_{it} \tag{1}$$

其中，下标 i 和 t 分别表示企业和时间。Y、RD 和 RDP 分别表示当期专利申请量、当期企业研发费用和研发人员。α 和 β 分别代表企业研发费用和研发人员的产出弹性。b_0 表示待估常数项。$V_{it} - U_{it}$ 代表方程的随机误差项，具有复合结构。其中 V_{it} 指经济系统不可控因素冲击的噪声误差，假定其服从正态分布 $N(0, \sigma_v^2)$，且独立于 U_{it}。U_{it} 为非负随机变量，考察研发活动中的技术无效率，假定其服从截尾正态分布 $N(M_{it}, \sigma_v^2)$。$e^{-M_{it}}$ 用来表示企业 i 在 t 时期研发活动的技术效率，其数值越大说明技术效率越低，也就是说技术无效率程度越高，意味着等量投入研发费用和研发人员但获得的专利申请量却越少。

三、样本选择与数据的获取

研究样本选择战略性新兴产业上市公司 2009—2013 年面板数据，剔除净资产为负的公司以及数据不全的公司，共得到符合要求的 292 家上市公司。数据主要来源于深圳国泰安数据库（CSMAR）及巨潮网公布的企业年报，样本选取同第四章第二节。

四、回归结果

运行 Frontier 4.1 软件，选择极大似然法估计经验模型计算得到各项参数，具体数值见表6.1，计算结果较好地满足了变量的显著性检验以及拟合度要求。结果显示，企业研发费用的产出弹性 α 约为0.52，研发人员的产出弹性 β 约为0.40。说明企业研发费用每增加1个百分点，可引起专利申请量增加0.52个百分点；也说明研发人员数量每增加1个百分点，可促进专利申请量增长0.40个百分点。因此，在战略性新兴产业专利申请量的增长中，研发经费投入和研发人员仍然占据主要贡献地位。

表6.1 **回归结果**

	系数	标准差	t 检验值
b_0	-8.6265^{***}	0.4484	−19.2344
α	0.5216^{***}	0.0322	16.1828
β	0.4008^{***}	0.0347	10.6982
σ^2	2.6039^{**}	0.5222	4.9857
γ	0.4842	0.1173	4.1272
Log 函数值		-1915.5554^{***}	
单边 LR 检验		19.4156^{***}	
样本数		1210	
年数		5	
横截面数量		292	
平均效率		0.9156	

注：表中 ***，**，* 分别表示在1%，5%，10%统计意义上显著。

第二节 政府补贴与企业技术创新效率

各国目前将战略性新兴产业作为未来经济和科研的“制高点”竞

相争夺，并把其视为经济增长方式转变和产业结构转型升级的重要载体。战略性新兴产业和传统产业相比，更加离不开企业的技术创新。根据前文研究发现，政府补贴能够促进战略性新兴产业中企业的技术创新投入和产出的增加，因此，政府需要增加补贴的数额。但增加政府补贴的数额，能否促使企业技术创新效率的提高呢？在不同的市场化进程的地区、不同产品市场竞争的行业和不同股权集中度的企业，政府补贴与企业技术创新效率之间存在什么样的关系？

一、研究假设

Nelson（1956）和 Arrow（1962）指出由于技术创新具有创新收益的外部性、创新过程的非竞争性和不可分割性、风险性和非排他性等特征，在技术创新的活动中必然出现“市场失灵”。为了纠正这种“市场失灵”所造成的企业技术创新的投入不足，各国为了促进战略性新兴产业的技术创新，不断加大政府的补贴力度和规模。在此背景下，我国政府补贴的手段应用更加频繁，力度也不断加大。根据前文研究，政府补贴不仅能够激励企业增加技术创新的投入，而且可以使技术创新的产出增加。但是，政府补贴能提高企业的技术创新效率吗？

围绕这个问题学术界展开了激烈的讨论。目前的观点主要集中在三个方面：（1）政府补贴促进了企业技术创新效率的提升。如唐清泉、卢博科（2009）运用 DEA 的方法研究创新效率及其影响因素，发现政府补贴资金有利于企业 R&D 效率的提升。李习保（2007）利用我国各地区 1989—2006 年的技术创新活动数据，考察了创新的环境因素对创新产出效率的影响，认为政府补贴能够显著地提升创新的效率。（2）政府补贴降低了企业的技术创新效率。白俊红、江可申等（2009）应用随机前沿模型，以 1998—2007 年中国 30 个省份的研发面板数据为样本，实证测算了各区域的研发创新效率，认为政府补贴对技术创新效率产生显著的负面影响。冯宗宪、王青（2011）利用中国 30 个省的大中型工业企业技术创新活动数据，基于 DEA 方法测算了其技术与规模效率，发现政府投入与技术创新活动的技术效率存在负的相关关系，却不显著。但对技术创新活动的规模效率则存在显著的负的相关关系。(3) 政府补贴与企业技术创新效率不相关。潘雄锋、刘凤朝（2008）采用基于对数型柯布–道格拉斯生产函数的随机前沿生产函数模型，研究了1996—2006 年中国工业企业技术创新的效率状况，认为政府补贴对中国工业企业技术创新效率的作用不大。

效率就是以相同的投入获得更多的产出或者以较少的投入获得等量的产出。企业获得政府的补贴，可以使其技术创新获得持续的支持，从而降低企业从事技术创新时所面临的外部风险。企业也就有能力对自己的技术创新管理制度进行优化，在创新过程中就可以减少其自身所拥有的各种技术设备、人员以及其他创新资源的损耗，从而实现资源的高效配置，获得较高的创新效率。因此，本书提出假设 6-1A 如下：

假设 6-1A：政府补贴能够促进企业技术创新效率的提高

政府补贴的目的是为了引导企业技术研发的方向，降低企业技术研发的风险，但政府部门在实施补贴过程中难以避免滞后性和片面性。企业处于技术创新的前沿和生产管理的一线，对技术创新有较好的掌控能力。然而，政府决策层往往远离技术创新前沿，缺乏足够的信息和能力去判断技术创新的发展方向，出现项目选择的盲目性，从而出现“效率损失”。另外，各级政府在对技术创新支持的实践过程中由于监督机制不完善容易出现扭曲现象，一些企业将补贴资金挪作他用或者“骗补”。甚至个别地方政府命令性地干预，破坏了公平竞争的市场环境，违背了企业技术创新活动的发展规律，这样政府补贴不仅不能促进企业技术创新效率的提高，反而出现“效率损失”。因此，本书提出假设 6-1B如下：

假设 6-1B：政府补贴降低企业技术创新效率

二、模型构建与变量选取

我们构建模型如下，并采用最小二乘回归分析方法，考察政府补贴与企业技术创新效率之间的关系。

$$R\&DTe=\beta_0+\beta_1 sub+\alpha X' \quad (1)$$

$$R\&DTe=\beta_0+\beta_1 sub+\beta_2 md+\beta_3 sub\cdot md+\alpha X' \quad (2)$$

$$R\&DTe=\beta_0+\beta_1 sub+\beta_2 hhi+\beta_3 sub\cdot hhi+\alpha X' \quad (3)$$

$$R\&DTe=\beta_0+\beta_1 sub+\beta_2 s\_hhi+\beta_3 sub\cdot s\_hhi+\alpha X' \quad (4)$$

其中，R&DTe 为被解释变量，表示企业的技术创新效率。sub 表示上市公司当期获得的政府补贴额，md 表示市场化进程，hhi 表示产品市场竞争，s_hhi 表示股权集中度，X 表示系列的控制变量，变量的具体定义详见表 6. 2。

表 6. 2　　**主要变量的定义**

变量类型	变量	定义
被解释变量	企业研发效率（te）	基于随机前沿生产函数测定的企业研发效率
解释变量	政府补贴（subratew）	当期政府补贴总额与期末资产之比
	市场化进程（md）	樊纲、王小鲁和朱恒鹏编制的各地区市场化指数
	产品市场竞争（hhi）	一个行业中各市场竞争主体所占行业主营业务收入百分比的平方和
	股权集中度（s_hhi）	公司前 5 位大股东持股比例之和，大于中位数为 1，小于中位数为 0

续表

变量类型	变量	定义
控制变量	企业规模（sizew）	公司期末资产的自然对数
	资产负债率（levw）	负债表中的负债总额与资产总额的比值
	企业成长性（growthw）	总资产增值率，（期末总资产-期初总资产）/期初总资产
	盈利能力（roa_aw）	公司年末扣除非经常性损益后的净资产收益率
	两职合一情况（jian）	董事长与总经理兼任情况，兼任定义1，分离为2
	产权性质（state）	国有企业定义1，非国有企业为0
	独立董事监督（director_r）	独立董事占董事总数的比重

（1）被解释变量，反映企业的技术创新效率。

（2）解释变量。本研究的解释变量为政府补贴、市场化进程、产品市场竞争和股权集中度，测量方法详见第四章第二节。

（3）控制变量。本研究控制了其他一些可能影响企业技术创新产出的因素，主要包括企业规模、资产负债率、企业成长性、盈利能力、两职合一情况、股权属性、独立董事的监督，测量方法详见第四章第二节。

三、实证分析

（1）描述性统计。表6.3为本书主要变量的描述性统计结果。可以看出，变量的均值与其中位数较为接近，表明样本成正态分布。就企业的研发技术创新效率而言，均值仅为0.916，表明样本公司的技术创新效率较高，但技术创新效率高与效率低的企业差距明显，最大值和最小值分别是 0. 999 和 0. 415。此外，表 6. 4 显示模型中变量之间的相关系数。政府补贴与效率负相关，但不显著，表明政府补贴对企业的技术创新效率作用不明显。因此，增加政府补贴难以有效提高企业技术创新效率。

表 6. 3　　　　主要变量的描述性统计

	均值	标准差	最大值	最小值	中位数
te	0. 916	0. 118	0. 999	0. 415	0. 979
subratew	0. 008	0. 008	0. 044	0. 0002	0. 005
hhi	0. 054	0. 047	1	0. 014	0. 0427
md	9. 401	2. 002	11. 80	0. 380	9. 870
s_hhi	0. 514	0. 500	1	0	1
sizew	21. 85	1. 150	25. 37	19. 70	21. 70
levw	0. 442	0. 197	0. 869	0. 051	0. 452
growthw	0. 187	0. 250	1. 355	−0. 182	0. 123
roa_aw	0. 042	0. 048	0. 197	−0. 111	0. 037
jian	1. 749	0. 434	2	1	2
state	0. 501	0. 500	1	0	1
director_r	0. 366	0. 050	0. 714	0. 090	0. 333

（2）实证回归结果。表 6. 5 前两列为式（1）回归结果。其中，第 1 列为未加控制变量的回归结果，第 2 列为加入控制变量后的回归结果。由第 1 列我们发现，政府补贴与企业技术创新效率正相关但不显著，表明政府补贴对企业的技术创新效率作用不明显（$\beta=0.014$，$t=0.08$）；由第 2 列我们发现回归结果没有实质性的改变。因此，政府补贴与企业技术创新效率之间关系不显著，假设 6-1A 和 6-1B 暂时

表 6.4 主要变量的相关性分析

	te	subratew	hhi	md	s_hhi	sizew	levw	growthw	roa_aw	jian	state
subratew	-0.025	—									
hhi	-0.118***	0.099***	—								
md	-0.002	-0.015	0.128***	—							
s_hhi	0.054*	-0.040	0.084***	0.007	—						
sizew	-0.117***	-0.054**	-0.019	-0.135***	0.089***	—					
levw	-0.008	-0.037	-0.109***	-0.124***	0.002	0.494***	—				
growthw	0.096***	-0.014	-0.040	-0.051*	0.044	0.082***	0.087***	—			
roa_aw	0.116***	0.099***	-0.036	0.059**	0.056**	-0.080***	-0.397***	0.184***	—		
jian	0.042	-0.024	-0.102***	-0.165***	0.039	0.259***	0.195***	-0.035	-0.092***	—	
state	0.034	-0.038	-0.035	-0.245	0.216***	0.307***	0.293***	-0.061**	-0.151***	0.356***	—
director_r	-0.063**	0.028	0.030	0.077	0.014	0.117***	0.043	-0.011	-0.047*	-0.104***	-0.074***

注：表中 ***，**，* 分别表示在 1%，5%，10%统计意义上显著。

未得到支持，这意味着政府补贴可能难以有效提高企业的技术创新效率。

与前文的做法类似，我们进一步考察在不同市场化进程的地区、处于不同产品市场竞争的行业以及在股权集中度不同的企业中，政府补贴对企业技术创新效率的影响是否存在差异。表 6.5 中第 3～第 5 列为式（2）至式（4）的回归结果。结果显示，市场化进程和政府补贴的交互项、产品市场竞争和政府补贴的交互项以及股权集中度和政府补贴的交互项的系数均不显著，这表明在市场化进程不同的地区、处于产品市场竞争程度不同的行业以及在股权集中度不同的企业中，政府补贴与企业技术创新效率的关系没有实质性的差异，这意味着在市场化进程不同的地区、产品市场竞争程度不同的行业以及在股权集中度不同的企业中，政府补贴对企业技术创新效率均没有显著性影响。这再次表明，假设 6-1A 和假设 6-1B 未得到支持。结合前文的结论，我们认为高额的政府补贴在带来企业技术创新投入和产出增加的同时并没有证据表明可以提高其技术创新效率，这提示我们政府在对企业技术创新活动进行巨额补贴时，应考虑从制度完善等方面来提高技术创新效率。

四、研究结论

本书以战略性新兴产业上市公司 2009—2013 年面板数据为样本，研究政府补贴是否能够提高企业技术创新效率。结果发现：（1）政府补贴难以有效提高企业的技术创新效率。（2）在不同市场化进程的地区、处于不同产品市场竞争的行业以及在股权集中度不同的企业，政府补贴对企业技术创新效率不具有显著性影响。

表 6.5　　**政府补贴与企业技术创新效率回归结果**

	(1)	(2)	(3)	(4)	(5)
			md	hhi	s_hhi
subratew	**0.014(0.08)**	**0.002(0.01)**	0.291(0.33)	0.401(1.29)	0.052(0.20)
sizew		0.001(0.66)	0.001(0.85)		
levw		0.026**(2.44)	−0.030(−0.33)		
growthw		−0.009(−1.39)	0.001(0.75)	0.001(0.63)	0.001(0.74)
roa_aw		0.025(0.67)	0.025*(2.38)	0.027*(2.54)	0.025*(2.35)
jian		0.0009(0.25)	−0.008(−1.30)	−0.008(−1.37)	−0.008(−1.34)
state		0.004(1.22)	0.022(0.60)	0.028(0.76)	0.029(0.77)
director_r		−0.029(−0.94)	0.001(0.29)	0.001(0.20)	0.001(0.25)
md			0.004(1.36)	0.004(1.27)	0.005(1.47)
mdsubratew			**−0.031(−1.02)**	−0.028(−0.90)	−0.025(−0.81)
hhi				0.039(0.76)	
hhisubratew				**−6.945(−1.58)**	

续表

[illegible]	[illegible]	2)	(3)	(4)	(5)
[illegible]	[illegible]	[illegible]	md	hhi	s_hhi
[illegible]	[illegible]	[illegible]			−0.003(−0.79)
[illegible]	[illegible]	[illegible]			**−0.143**(**−0.39**)
[illegible]	[illegible]	0.951***(19.09)	0.941***(18.31)	0.951***(18.95)	0.948***(19.01)
[illegible]	控制	控制	控制	控制	控制
[illegible]	1186	1087	1087	1087	1087
[illegible]	0.814	0.815	0.815	0.816	0.816
Value	255.44	173.63	161.51	161.86	161.78

注：表中数据为各自变量的回归系数，括号内为修正后的 T 值；***，**，*分别表示在1%，5%，10%统计意义上显著。

第三节 本章小结

本章首先测度了战略性新兴产业的技术创新效率，然后基于微观数据验检在不同的市场化进程的地区、不同产品市场竞争的产业和不同公司治理下的企业，政府补贴与企业技术创新效率之间的关系，发现：(1) 政府补贴难以有效提高企业的技术创新效率。(2) 在不同市场化进程的地区、处于不同产品市场竞争的行业以及在股权集中度不同的企业，政府补贴对企业技术创新效率不具有显著性影响。因此，战略性新兴产业企业技术创新效率的提高，不能依靠政府补贴数额的增加，而是需要完善补贴的相关制度。

第七章 政策建议

根据前文政府补贴对战略性新兴产业企业层面的技术创新投入和产出的影响研究，我们发现政府补贴能够激励企业增加技术创新的投入和产出，在不同市场化进程的地区、处于不同产品市场竞争的行业以及在股权集中度不同的企业，政府补贴的激励效果不同。在市场化进程越高的地区，政府补贴对企业技术创新投入和产出的激励作用越显著；产品市场竞争越弱的行业，政府补贴对企业技术创新投入和产出的促进效果越好；企业的股权越分散，政府补贴对企业技术创新投入促进效果越好。因此，本章提出政府在制定补贴政策时，必须具有针对性，需考虑各地区制度环境、各行业产业发展情况以及各企业公司治理的差异。此外，需要利用多样化和灵活化的方式，充分发挥政府补贴的杠杆作用，来引导和促进企业技术创新。另外，推进各地区的市场化进程，营造良好的制度环境；培育龙头企业，优化市场结构；优化股权结构，提升公司治理水平，从而使政府补贴能够更好地促进企业技术创新。

根据前文政府补贴对企业技术创新效率的影响研究，我们发现政府补贴难以有效提高企业的技术创新效率，在不同市场化进程的地区、处于不同产品市场竞争的行业以及在股权集中度不同的企业，政府补贴对企业研发效率均不具有显著性影响。因此，本章提出战略性新兴产业企业技术创新效率的提高，不能依靠政府补贴数额的增加，而是需要完善补贴的相关制度。从补贴对象的选取，到补贴过程的监管，再到补贴的评估和监督等一系列的措施缺一不可。

第一节 充分发挥政府补贴的杠杆作用，引导和促进企业技术创新

政府补贴能够激励和促进企业增加技术创新的投入和产出，因此，引导和促进企业技术创新，必须充分发挥政府补贴的杠杆作用。战略性新兴产业的发展初期投入巨大，风险较高，政府补贴能够发挥更好的引导和扶持作用。加大政府补贴的力度，更好地发挥补贴的激励作用；运用多样化与灵活化的补贴形式，保证补贴资金发挥更好的效果，从而促进战略性新兴产业的技术创新。

一、加大政府补贴的力度

为了促进企业技术创新，培育和发展战略性新兴产业，我国各级政府先后出台了一系列相关政策，在这些政策中对于补贴的资金来源、补贴的对象及方式进行了规定。中央及各级地方政府对战略性新兴产业核心技术攻关、重大核心装备研制等项目的技术创新进行了补贴，促进了我国战略性新兴产业的发展。然而，我们看到，我国战略性新兴产业的技术发展水平与发达国家相比仍然有较大差距，因此，必须加大政府补贴的力度，引导企业技术创新，促进战略性新兴产业的发展。

梳理战略性新兴产业的相关补贴政策，发现目前补贴资金的来源主要是各级政府的财政资金，如 2014 年中央下达的战略性新兴产业发展专项资金 20 亿元、广东省“十二五”期间统筹安排的扶持资金 30 亿元，均由财政部门安排下发。我国正处于经济转型升级的关键时期，各级地方政府的财政资金略显不足，因此，必须拓展补贴资金的来源渠道，保证补贴资金及时下达。拓展补贴资金的来源渠道，必须吸引社会资本资金的参与。政府公布补贴资金的目的、用途、使用方式和收益的

分配方式等信息，吸引投资基金、企业和公众等的广泛参与，以此拓展补贴资金的来源渠道。

另据同花顺的统计资料，2010 年政府补贴上市公司的数额为 400 亿元，2011 年为 470 亿元；2012 年补贴总额达到了 564 亿元，共有 1646 家公司享受到了政府的补贴；2013 年补贴总额为 716 亿元，获得政府补贴的公司达到了 1350 家，占上市公司的 70%。虽然上市公司获得的补贴数额每年以 20%的速度在递增，获得补贴的上市公司数量也在增加，但部分上市公司占据了补贴的较大份额，如中国石油 2012 年和 2013 年的政府补贴数额分别为 94 亿和 103 亿元，占补贴资金总额的 17%和 14%，然而每年的补贴资金主要是因为进口原油的税收补贴，而非研发的补贴。因此，政府补贴应该以技术创新为导向，降低非研发补贴的比重。而且在加大政府补贴力度的同时，还必须完善相关的补贴制度，发挥政府补贴的杠杆作用，真正起到激励企业技术创新的作用。

二、补贴形式的多样化与灵活化

目前，我国的补贴形式相对单一，主要以资金或实物补贴为主，采用先审批后拨款的方式进行。这种形式对政府信息的掌握情况和企业的诚信状况要求较高。由于政府掌握的信息不对称，一些企业会利用种种手段来骗取补贴资金，同时这种补贴形式也增加了政府的监管难度，难以控制补贴资金的实际用途和流向，降低了补贴资金的利用效率。因此，政府可以根据企业的具体情况，采用多样化与灵活化的补贴方式，保证补贴资金发挥引导企业技术创新的作用。

改变先审批后拨款的单一方式，增加事中补贴和事后奖励方式的使用。事中补贴是指政府应跟进企业的项目研发，企业研发的首期补贴资金到位后，监督资金的实际使用情况。根据项目的进度，决定后续资金的形式和额度。这种方式工作量较大，但能够有效地保证补贴资金的使用方向。事后奖励是指企业在获得研发成果之后，政府给予奖励来支持下一代技术的研发。这种方式由于是事后，对于当期的企业技术创新不能起到较好的引导作用。因此，应该要根据企业和技术的发展情况灵活使用这三种方式。同时，丰富资金或实物的补贴形式，如可以由政府出资，组织企业的研发团队到高校或国外去学习，提高团队的科研能力。也可以利用技术创新研讨会等形式，为企业与国家的科研机构和高校的科研院所进行研发合作搭建平台，为企业的技术创新提供较为全面的支持。

改变主要以资金或实物补贴为主的补贴方式，引入其他更加灵活的补贴方式。例如，上海市要求补贴资金只能用于设备购置等项目建设支出，以及新产品研究设计费。广东省政府补贴除了采用无偿补助以外，重点采用股权投资和以奖代补的方式，这些方式都能够在一定程度上保证补贴资金用于企业技术创新活动，保证了补贴资金的使用效率。

第二节 推进各地区的市场化进程，营造良好的制度环境

制度经济学强调制度因素的重要性，认为制度决定一个国家的经济增长和社会发展。良好的制度环境可以激发市场活力，调动企业参与经济活动的积极性，从而促进国家的经济增长。制度环境所称的制度包括市场制度、产权制度、企业制度、货币制度、司法制度、国家制度等。市场制度是制度环境中的重要组成部分，关乎经济发展的根本问题。我国在 1978 年十一届三中全会上提出要从计划经济向市场经济转变以来，逐步认识到市场在经济发展过程中的重要作用，并逐步推动了各地区的市场化进程。然而由于各地区资源禀赋和产业基础等条件的不同，各地区的市场化进程差异较大，制约着国家许多经济政策的实施。

一、依据各地区市场化进程，实施有差别的补贴政策

本书考察了市场化进程对于政府补贴促进企业技术创新的杠杆作用，认为在市场化进程越快的地区，政府补贴对企业技术创新投入和产出的激励作用越显著。然而，我国地区之间的市场化进程差异较大。东部沿海地区市场化进程较快，如浙江和江苏省，西部地区市场化进程较慢，如甘肃省和西藏自治区。因此，必须依据各地区的市场化进程，实施有差别的补贴政策。在补贴资金的分配、项目的审批等方面向市场化进程较快的地区倾斜，更好地发挥补贴资金的激励效果，提高补贴资金的利用效率。

二、推进各地区的市场化进程，发挥市场的内生动力

我国市场化改革已经经历了相当长的时间，但时至今日，我国的市场经济体系仍然不是十分健全，依旧还存在着某些有形无形的制度限制了生产要素的自由流动，甚至部分地方政府不断扩权，压制了市场的成长空间，对微观经济直接干预或管制，在某种程度上形成了对市场的替代，导致市场资源错配，效率低下。因此，必须推动各地区的市场化进程，尤其是落后地区的市场化进程。在推进市场化进程中必须明确市场在资源配置中起决定性作用，正确处理政府和市场的关系问题。政府要全面转变职能，进一步强化政府效率，实现向服务型政府的角色转变。政府的主要职责就是创造公平的制度环境，避免“市场失灵”；推进生产要素市场的改革，健全资本市场、资源市场等的制度规范，提高要素市场交易的透明度，实现土地、劳动力、资本、技术和信息等生产要素的自由流动；合理制定产业政策，引导社会资源的优化配置。政府在制定产业政策时，应当考虑国家和地区的经济发展战略、人口、资源以及在国际产业发展中的地位等情况，避免激励不足和激励过度问题的出

现。光伏产业和风电产业产能严重过剩问题使我们得到了深刻的教训。产业政策制定得合理，就会优化资源配置，反之，就会降低资源的配置效率。因此，在战略性新兴产业发展规划和扶持政策制定上，必须寻求市场驱动与政府激励相容的产业扶持思路。战略性新兴产业的发展必须建立在市场驱动的基础上，而不能由政府代替市场，造成类似于光伏产业等新兴产业产能严重过剩的扭曲局面，将激励机制从扭曲调整为与市场相容，发挥市场的内生动力。

第三节 培育龙头企业，优化市场结构

由本书实证检验的结果发现，产品市场竞争越弱的行业，政府补贴对企业技术创新的促进效果越好。产品市场竞争是反映市场结构的重要指标，市场结构反映的是市场竞争和垄断的关系，决定了行业的竞争形式。因此，本书认为培育龙头企业，提高行业的市场集中度，是优化市场结构的必经途径。龙头企业构筑了产业化发展的重要基础，培育龙头企业是推进产业化发展的重要载体，培育龙头企业可以有效提升行业的市场集中度。兼并重组，整合创新要素，是培育龙头企业的重要手段。

一、在选择补贴对象时，要关注行业的市场结构

行业的市场集中度越高，行业的产品市场竞争越弱，政府补贴发挥促进企业技术创新的杠杆作用越好。因此，针对项目来选择补贴对象时必须考量企业所处的市场结构。对于产业集中度高、龙头企业带动作用明显的产业重点补贴，而对于产业集中度较低、缺乏龙头企业带动的产业减少补贴的投入。

TCL 集团股份有限公司属于广东省战略性新兴产业的骨干企业，属于电子核心基础产业，主营业务为液晶面板等多媒体电子产品的开发和

生产。然而，我国电子核心基础产业企业数量众多，缺乏龙头企业的带动，对于 TCL 的补贴，难以起到促进企业技术创新的效果。2012 年和 2013 年其获得的政府补贴分别是 13 亿元和 22 亿元，然而当年的净利润仅有 7.9 亿元和 21 亿元，两年的净利润还少于当年的补贴数额，企业也就很难利用补贴资金去从事技术创新活动。因此，行业的市场结构对政府补贴发挥促进企业技术创新杠杆作用也至关重要。必须利用各种手段培育行业的龙头企业，提升行业的集中度，优化行业的市场结构。

二、通过兼并重组等手段，实现创新要素的整合

行业的垄断有利于企业技术创新活动，培育和发展龙头企业有利于企业技术创新。培育龙头企业是提高企业竞争力、增强经济抗风险能力的关键。要通过兼并重组等手段组建大型企业集团，实现企业技术创新要素的整合。企业技术创新就是对创新要素的运用过程，企业规模和行业不同，对技术创新要素整合的能力存在差异。应针对不同的企业规模和行业，选择不同的技术创新模式，实现企业技术创新要素的整合，提高创新要素的利用效率。2014 年 12 月 30 日中国南车和中国北车发布重组公告，掀开了中国高铁走出国门的新篇章，也是我国高铁实现创新要素整合的典型范例。可见，对于所处行业具有国际竞争力但存在恶性竞争的企业，可通过兼并重组等手段发展为在国际上有较强竞争力的大型企业集团，使之成为行业的龙头企业，实现创新要素的互补。发展大型企业集团、培育龙头企业是提高企业技术创新能力，提升企业竞争力，增强经济抗风险能力的关键。培育一批在国际上有影响力的大型企业集团不是靠拼凑资产规模实现的，而是以制度创新、技术创新和管理创新为基础，可以以重大项目为抓手，激发企业通过战略重组、股改上市、技术改造等主要手段，全面提升企业创新能力，帮助企业做大做强。

战略性新兴产业风险更高，成本更大，需要重点培育和发展龙头企

业。抓紧制订完善战略性新兴产业相关政策措施，以重大项目为抓手，激发企业通过战略重组、股改上市、技术改造等主要手段，全面提升企业竞争力，帮助企业迅速做大做强，努力培育一批在国际上有影响力的大企业、大集团。

第四节　优化股权结构，提升公司治理水平

公司治理是将公平原则内嵌于基于产权的强势原则中，通过权利配置来平衡投资者之间以及投资者和公司之间利益的制度安排。公司的股权结构主要指的是公司股东的构成，它是公司治理的基础。因此，公司的股权结构决定了公司的治理水平。由本书实证检验的结果发现，企业的股权越分散，政府补贴对企业技术创新投入促进效果越好。股权越分散，股权之间具有较好的制衡效果，不容易出现由大股东的意愿来决定是否进行技术创新的投入。股权结构的优化，能够显著提升公司的治理水平。

一、在选择补贴企业时，要注重考查公司治理水平

公司治理是企业获得成功的基石，公司治理的水平决定了公司技术创新的水平和绩效。优化的股权结构、良好的公司治理能够有效降低企业在技术创新活动中的隐性成本，解决企业技术创新活动中容易遇到的委托代理问题，降低企业技术创新活动中股东之间、股东与经理人之间的信息不对称，有效地解决由于大股东的风险分散不足、风险规避程度较高而干预经理人决策的问题，使得股东能够以公司的长远发展利益为主要目标，提高企业参与技术创新活动的积极性，发挥政府补贴促进企业技术创新的杠杆作用。因此，政府在选择补贴企业时，必须注重考察公司的治理水平。治理水平的考量不仅要重点关注股权结构，还要关注

公司控股股东的行为、关键人的选聘、激励与约束、董事会的机构及运作、信息披露等方面。

二、优化股权结构，推进国有企业混合所有制改革

战略性新兴产业具有高投入和高风险的特点，大股东持股份额越大，他们风险就不容易分散，容易产生风险规避心理，就会干预经营者的决策，不利于企业的技术创新。因此，必须优化公司的股权机构，增强股东之间的制衡能力，提升股东之间的监督和约束能力。

（1）降低第一大股东的持股比例。第一大股东的持股比例越高，政府补贴发挥激励作用的效果就越差，越不利于企业的技术创新。因此，降低第一大股东的持股比例，优化公司的股权结构，增强股东之间的制衡能力，有助于企业的技术创新。目前战略性新兴产业中发展较快实力较强的企业以国有控股的企业为主，国有股的持股比例过高，不利于发挥政府补贴的激励效用，对企业的技术创新产生负向影响。因此，必须在国有企业中继续稳步推进混合所有制改革，构筑国有资本、集体资本和民营资本交叉持股互相融合的企业。积极发展混合所有制经济，必须继续完善职业经理人制度。完善的职业经理人制度，能够更好地发挥企业家的作用，提高企业的经营活力。

（2）提高机构投资者的持股比例。对于我国而言，机构投资者就是在资本市场从事证券投资业务的法人机构，不仅包括银行、证券公司、保险公司，还包括养老基金、投资基金等。机构投资者往往资金雄厚，并配备有专门机构和部门从事信息搜集、上市公司研究、投资决策运作、投资理财等业务，多元化的市场研究和专业化管理能力较强。随着机构投资者持股比例的不断提高，监督公司经营管理的动机就越强，并依据自身在信息收集、市场研究、技术分析等方面的优势参与到公司的重大技术创新决策中，排除第一大股东的风险偏好对经营者决策产生的不利影响，规避公司经营中的短期行为，使经营者能够有能力更专注

于公司的长期价值。因此，增加机构投资者的持股比例，能够更好地发挥政府补贴的激励效用，有利于企业的技术创新。

第五节 完善补贴制度，提高研发效率

企业是研发的主体，政府需要利用补贴等形式引导企业增加技术创新的投入，以此促进技术的发展。然而，仅依靠增加政府补贴，不能提高企业的研发效率，还需要完善相关的制度。战略性新兴产业对我国经济社会全局和长远发展有重大引领带动作用，政府补贴可以降低企业的技术开发风险和成本的支出，鼓励和引导企业对于此类技术创新项目进行投资，并带动企业技术创新投入的增加，使企业的技术创新能力得到有效提升。需要尤其注意的是，政府在选择补贴对象并实施补贴时，有必要密切关注企业为技术创新所做的前期准备，包括初期的投入及技术开发的进展等方面。另外，补贴的实施过程中必须有跟进措施，以此来平衡政府和企业掌握的信息情况，确保政府补贴的规模和时机适当，起到激励和引导企业扩大自主研发的作用。健全的政府补贴制度，必须建立、事中、事后一系列相关制度，保障政府补贴能够有效地促进企业技术创新，提高企业的技术创新效率。

一、健全补贴对象的筛选机制

战略性新兴产业各个产业的发展极不平衡，高端装备制造产业发展相对较快，而新能源和新能源汽车产业发展相对落后。但我们必须看到，各个产业的发展高度相关，只有均衡发展才能带动并最终实现我国产业的转型升级。因此，在保障优势产业的同时也要兼顾相对落后产业的发展。

政府在对不同产业进行补贴时，要分清该产业技术创新所处的环

节，有差别地进行补贴，引导技术向更高的层次发展。在补贴项目的选择上，应考虑项目的先进性和创新性，筛选出有较强影响力的技术给予扶持和引导。在企业的选择上，应根据企业的规模、盈利能力和负债状况综合分析，不能依靠企业的所有权性质来决定，补贴的公平与否会直接影响企业技术创新的积极性。

二、改革科技评估和评审体制，保障补贴资金的有效使用

由于政府和企业的信息不对称，依靠政府在对象筛选和方式选择上实现补贴的公平是不够的，必须有科学合理地评估和评审体制，才能鞭策企业合理地利用政府的补贴资金。科研成果的评价体系，不仅可以对企业的技术创新成果进行鉴定，而且可以增加企业的“违约成本”。如果技术创新成果与申报的不一致，或者离预期的目标差距较大，企业会为此而受到处罚，这相应就产生了威慑效果。应改革科技评估和评审体制，正确区分企业的自主创新和模仿创新，公正地评价和鉴定企业的技术创新成果是否具有创新水平。科技项目的评审要贯彻公开、公正、公平的原则，建立和完善评审专家信用制度及同行专家评审机制，防止出现“关系户评审”，并对科研成果的评审过程进行公开，增强社会和舆论对评审过程的监督，保障补贴资金的有效使用。

三、建立和完善政府补贴的信息披露制度

目前我国政府对于补贴的实际用途和流向披露得较为模糊，这造成了补贴难以监管。企业的信息披露不完善和不全面，容易导致企业将补贴挪作他用，降低补贴资金的利用效率。因此，必须从政府和企业两方面来建立和完善政府补贴的信息披露制度。政府应利用官方网站对重点扶持的技术进行公布，对获取补贴的项目和企业信息进行披露，并对项目最终的进展情况进行公示，便于社会各界的监督。目前我国仅上市公

司有义务对企业的部分信息进行披露，但上市公司对于 R&D 信息披露不充分、不积极，而对于政府补贴也往往公布的是总的补贴数额，不利于对企业补贴使用的监督。因此，应以上市公司为试点，建立企业获取政府补贴的信息披露制度，鼓励企业自愿增加披露的内容。如至少要求企业披露获取政府补贴的方式和金额以及研发项目的进展情况等内容。

四、探索建立政府补贴的退出机制

政府补贴是促进企业技术创新的重要手段，战略性新兴产业在发展初期更加需要政府补贴的引导与扶持，但战略性新兴产业最终的发展必须由市场来决定。政府对战略性新兴产业的过度干预，最终会导致产业缺乏竞争力，抑制该产业的发展。因此，随着战略性新兴产业的发展，应探索建立政府补贴的退出机制，发挥市场自身的力量来推动企业技术创新。政府可以根据战略性新兴产业的发展情况和产能状况等一系列指标来决定补贴政策的退出时间和路线，真正做到“政府引导、市场决定、企业自主”。

五、建立企业技术创新的信用机制

信用机制是工业企业发展到一定程度必须采用的一种制度，应将这种信用机制引入政府补贴的对象选择中，使真正需要扶持的企业和技术得到扶持，促进企业的技术创新。建立企业申请补贴的信用记录，可以使企业要考虑在补贴方面的“声誉”，企业需要权衡是“违约”获取和使用补贴资金还是发挥补贴的效用建立“声誉”。目前，我国在推进各项工作的信息化建设，为信用机制的建立奠定了一定的基础。只有引进信用机制，才能更好地发挥政府补贴的作用，引导企业的技术创新，为国家的创新体系建设服务。

第六节 本 章 小 结

本章根据前文的研究结果，提出政府在制定补贴政策时，必须具有针对性，需考虑各地区制度环境、各行业产业发展情况以及各企业公司治理的差异。此外，需要利用多样化和灵活化的方式，充分发挥政府补贴的杠杆作用，来引导和促进企业技术创新。另外，推进各地区的市场化进程，营造良好的制度环境；培育龙头企业，优化市场结构；优化股权结构，提升公司治理水平，从而使政府补贴能够更好地促进企业技术创新。

根据前文政府补贴对企业技术创新效率影响的研究结果，认为战略性新兴产业企业技术创新效率的提高，不能依靠政府补贴数额的增加，而是需要完善补贴的相关制度。本章提出健全补贴对象的筛选机制；改革科技评估和评审体制，保障补贴资金的有效使用；建立和完善政府补贴的信息披露制度；探索建立政府补贴的退出机制；建立企业技术创新的信用机制。从补贴对象的选取，到补贴过程的监管，再到补贴的评估和监督等一系列的措施缺一不可。

第八章　总结及展望

本章系统总结了政府补贴与企业技术创新投入、产出和效率研究中所得的基本结论，并指出了研究局限与未来研究的方向。

第一节　研究结论

本书在制度变迁理论、公司治理理论、创新理论和产业生命周期理论等相关理论的指导下，运用理论分析和实证研究的方法，从技术创新投入和产出视角，考察了政府补贴对企业技术创新的影响。

本书首先对现有文献进行了回顾和梳理，归纳整理了研究概况及前沿的研究问题，同时结合目前我国战略性新兴产业技术创新发展的现实情况，提出本研究的构想、研究框架以及相应的研究假设。基于战略性新兴产业微观数据验检不同的制度环境、市场结构和公司治理下政府补贴对企业技术创新投入、产出和效率的影响，在以上研究的基础上得出对战略性新兴产业补贴政策的相关建议。具体而言，本书得到了以下几点研究结论。

一、政府补贴对企业技术创新投入和产出影响的结论

从政府补贴对企业技术创新投入和产出的影响研究来看，政府补贴

能够激励企业增加技术创新投入和产出。因此，政府补贴激励技术创新是有效的，应充分发挥政府补贴的杠杆作用，引导企业的技术创新，激励企业增加技术创新的投入和产出，促进战略性新兴产业的技术创新。

在不同的制度环境下，研究政府补贴对企业技术创新投入和产出的影响发现：在市场化进程越高的地区，政府补贴对企业技术创新投入和产出激励作用越显著。我国地区之间的市场化进程差异较大，东部沿海地区市场化进程较快，西部地区市场化进程较慢。因此，在推进东部沿海地区市场化进程的同时，必须加快落后地区的市场化进程，这样才能更好地发挥政府补贴促进企业技术创新投入和产出的杠杆作用。

在不同的产业市场结构中，研究政府补贴对企业技术创新投入和产出的影响发现：产品市场竞争越弱的行业，政府补贴对企业技术创新投入和产出促进效果越好。因此，可通过兼并重组等手段，实现创新要素的整合，提高战略性新兴产业的行业集中度，发挥政府补贴对企业技术创新投入和产出的促进效果。

在不同的公司治理环境下，研究政府补贴对企业技术创新投入和产出的影响发现：企业的股权越分散，政府补贴对企业技术创新投入促进效果越好。但不同股权集中度的企业，政府补贴对企业技术创新产出的影响不显著。因此，必须优化股权结构，降低第一大股东的持股比例，增加机构投资者的持股比例，适时推进国有企业混合所有制改革，从而使政府补贴能够更好地促进企业技术创新投入。

因此，必须依据各地区的市场化进程，实施有差别的补贴政策；在选择补贴对象时必须关注行业的市场结构及公司的治理水平。

二、政府补贴对企业技术创新效率影响的结论

基于微观数据验检不同的制度环境、市场结构和公司治理下政府补贴与企业技术创新效率之间的关系发现：政府补贴难以有效提高企业的技术创新效率；在不同市场化进程的地区、处于不同产品市场竞争的行

业以及在股权集中度不同的企业，政府补贴对企业技术创新效率不具有显著性影响。因此，战略性新兴产业企业技术创新效率的提高，不能依靠政府补贴数额的增加，而是需要完善补贴的相关制度。完善的政府补贴制度，必须建立事前、事中、事后一系列相关制度，保障政府补贴能够有效地促进企业技术创新，提高企业的技术创新效率。本书对于补贴制度建设提出如下建议：健全补贴对象的筛选机制；改革科技评估和评审体制，保障补贴资金的有效使用；建立和完善政府补贴的信息披露制度；探索建立政府补贴的退出机制；建立企业技术创新的信用机制。

第二节 研究局限与未来方向

本书在对国内外相关研究成果及实践经验进行借鉴的基础上，从投入产出视角尝试性地研究了政府补贴对企业技术创新的影响。由于受主观能力和客观条件等因素的制约，本书的一些局限性无法避免，主要体现在如下几个方面。

（1）在研究内容上，我们仅从投入和产出视角考察政府补贴对企业技术创新的影响。影响政府补贴发挥杠杆作用的影响因素很多，如企业的规模、盈利能力等。因此，考察政府补贴对企业技术创新的影响视角应该是多方面的，这也正是本人今后的努力方向。

（2）在变量测量上，我们仅使用市场化进程、产品市场竞争、股权集中度来测量宏观制度环境、中观市场结构及微观公司治理。由于测量这三个层次的指标较多，本书选用了最能反映其状况的三个指标，而忽略了其他的指标。因此，在今后的研究中，要逐步丰富反映三个层次状况的测量指标，来考察研究的结果。

（3）在数据的获取方面，由于上市公司研发数据披露的较晚以及上市公司中介入战略性新兴产业的投资比重较低，本书仅包含 2009—2013 年的数据。随着上市公司信息披露制度的完善，将在今后的研究中增加研究的样本量来考察研究的结果。另外，由于我国上市公司专利数据披露的制度不完善，专利数据主要来源于国家知识产权局及SOOPAT专利检索并手工整理获得，存在一定的误差。

参考文献

[1] Aghion P, Bloom N, Blundell R, et al. Competition and innovation: An inverted U relationship [R]. National Bureau of Economic Research, 2002.

[2] Aghion P, Harris C, Howitt P, et al. Competition, imitation and growth with step-by-step innovation [J]. Review of Economic Studies, 2001: 467-492.

[3] Alecke B, Mitze T and Reinkowski J. Does Firm Size Make a Difference? Analysing the Effectiveness of R&D Subsidies in East Germany [J]. German Economic Review, 2011, 13: 174-195.

[4] Alex Coada, Rekha Raob. Firm Growth and R&D Expenditure [J]. Economics of Innovation and New Technology, 2010, 19: 127-145.

[5] Ali A, Klasa S, Yeung E. The limitations of industry concentration measures constructed with Compustat data: Implications for finance research [J]. Review of Financial Studies, 2009, 22 (10): 3839-3871.

[6] Allen F, Qian J, Qian M. Law, finance and economic growth in China [J]. Journal of Financial Economics, 2005, 77 (1): 57-116.

[7] Andrei Shleifer, Robert W Vishny. A survey of corporate governance [J]. The Journal of Finance, 1997, 52 (2): 737-783.

[8] Balasubramanian N, Lee J. Firm age and innovation [J]. Industrial

and Corporate Change, 2008, 17 (5): 1019-1047.

[9] Ballot G, FakhFakh F, Taymaz E. Firms' human capital, R&D and performance: a study on French and Swedish firms [J]. Labour Economics, 2001, 8 (4): 443-462.

[10] Berkman H, Cole R, Fu J. From State to State: Improving corporate governance when the government is a large block holder [J]. Department of Accounting and Finance, The University of Auckland, Auckland. Versi6n de febrero, 2002.

[11] Boldrin M, Levine D K. Rent-seeking and innovation [J]. Journal of Monetary Economics, 2004, 51 (1): 127-160.

[12] Boone J. Competitive pressure: the effects on investments in product and process innovation [J]. The RAND Journal of Economics, 2000: 549-569.

[13] Broekel T, Fornahl D, Morrison A. Another cluster premium: Innovation subsidies and R&D collaboration networks [R]. Utrecht University, Section of Economic Geography, 2015.

[14] Cameron G, Proudman J, Redding S. Technological convergence, R&D, trade and productivity growth [J]. European Economic Review, 2005, 49 (3): 775-807.

[15] Cantner U, Kösters S. Public R&D support for newly founded firms-effects on patent activity and employment growth [J]. Journal of Innovation Economics & Management, 2015, 16 (1): 7-37.

[16] Chen C, Li Z, Su X. Rent seeking incentives, political connections and organizational structure: Empirical evidence from listed family firms in China [J]. City University of Hong Kong Working Paper, 2005.

[17] Chen S, Sun Z, Tang S, et al. Government intervention and investment efficiency: Evidence from China [J]. Journal of Corporate

Finance, 2011, 17 (2): 259-271.

[18] Chen X, Lee C W J, Li J. Government assisted earnings management in China [J]. Journal of Accounting and Public Policy, 2008, 27 (3): 262-274.

[19] Claessens S, Feijen E, Laeven L. Political connections and preferential access to finance: The role of campaign contributions [J]. Journal of Financial Economics, 2008, 88 (3): 554-580.

[20] Czarnitzki D and Kraft K. Capital control, debt financing and innovative activity [J]. Journal of Economic Behavior & Organization, 2009, 71 (2): 372-383.

[21] Dominique Guelle, Bruno Van Pottlesberghe. The Impact of Public R&D Expenditure on Business R&D [C]. OECD Working Paper, 2000.

[22] Elias A A, Cavana R Y, Jackson L S. Stakeholder analysis for R&D project management [J]. R&D Management, 2002, 32 (4): 301-310.

[23] Fan J P H, Huang J, Morck R, et al. Vertical integration, institutional determinants and impact: Evidence from China [R]. National Bureau of Economic Research, 2009.

[24] Fornahl D, Broekel T and Boschma R. What Drives Patent Performance of German Biotech Firms? The Impact of R&D Subsidies, Knowledge Networks and Their Location [J]. Papers in Regional Science, 2011, 90 (2): 395-418.

[25] Freeman R E. Strategic Management: A stakeholder approach [M]. Pitman Boston Press, 1984.

[26] Furman J L, Porter M E, Stern S. The determinants of national innovative capacity [J]. Research Policy, 2002, 31 (6): 899-933.

[27] Gil-Moltó M J, Poyago-Theotoky J, Zikos V. R&D subsidies, spillovers and privatization in mixed markets [J]. Southern Economic Journal, 2011, 78 (1): 233-255.

[28] González X, Pazó C. Do public subsidies stimulate private R&D spending? [J]. Research Policy, 2008, 37: 371-389.

[29] Griffith R, Redding S, Van Reenen J. Mapping the two faces of R&D: productivity growth in a panel of OECD industries [J]. Review of Economics and Statistics, 2004, 86 (4): 883-895.

[30] Grossman Gene M, Lai Edwin L C. International Protection of Intellectual Property [J]. American Economic Review, 2004, 94: 1635-1653.

[31] Hall B H, Lerner J. The financing of R&D and innovation [J]. Handbook of the Economics of Innovation, 2010, 1: 609-639.

[32] Heitor A, Murillo C. Financial Constraints, Asset Tangibility and Corporate Investment [J]. European A counting Review, 2007, 20: 1430-1460.

[33] Hicheon, Heechu. Financial Slack and R&D Investments: Evidence from Korean Firms [J]. Organization Science, 2008, 19: 404-418.

[34] Hitaj C. Wind power development in the United States [J]. Journal of Environmental Economics and Management, 2013, 65 (3): 394-410.

[35] Hoekman B M, Maskus K E, Saggi K. Transfer of technology to developing countries: Unilateral and multilateral policy options [J]. World Development, 2005, 33 (10): 1587-1602.

[36] Hu, Albert. Ownership, Government R&D, Private R&D and Productivity in Chinese Industry [J]. Journal of Comparative Economic, 2001, 29: 136-157.

[37] Jefferson G H, Huamao B, Xiaojing G, et al. R&D performance in

Chinese industry [J]. Economics of Innovation and New Technology, 2006, 15 (4-5): 345-366.

[38] Kilponen J, Santavirta T. When do R&D subsidies boost innovation? Revisiting the inverted U-shape [J]. Revisiting the Inverted U-Shape, 2007.

[39] Klepper S, Graddy E. The Evolution of New Industries and the Determinants of Market Structure [J]. Rand Journal of Economics, 1990, 21: 27-44.

[40] Lach S. Do R&D subsidies stimulate or displace private R&D? Evidence from Israel [J]. The Journal of Industrial Economics, 2002, 50 (4): 369-390.

[41] Lai E L C, Riezman R, Wang P. Outsourcing of innovation [J]. Economic Theory, 2009, 38 (3): 485-515.

[42] Lederman D, Maloney W F. R&D and development [J]. World Bank Policy Research Working Paper, 2003 .

[43] Lee C Y. A New Perspective on Industry R&D and Market Structure [J]. The Journal of Industrial Economics, 2005, 53 (1): 101-122.

[44] Lee H M. Ownership structures and R&D investments of U. S. and Japanese firms: Agency and stewardship perspective [J]. Academy of Management Journal, 2003, (46): 212-225.

[45] Lerner J. The government as venture capitalist: The long-run effects of the SBIR program [R]. National Bureau of Economic Research, 1996.

[46] Levin R C, Reiss P. Tests of a schum peterian model of R&D and market structure [A]. Griliches Z. R&D, Paten ts and Productivity [C]. Chicago: University of Chicago Press, 1984.

[47] Li H, Meng L, Wang Q, et al. Political connections, financing and firm performance: Evidence from Chinese private firms [J]. Journal

of Development Economics, 2008, 87 (2): 283-299.

[48] Lin C, Lin P, Song F. Property rights protection and corporate R&D: Evidence from China [J]. Journal of Development Economics, 2010, 93 (1): 49-62.

[49] Lin J Y, Li Z. Policy burden, privatization and soft budget constraint [J]. Journal of Comparative Economics, 2008, 36 (1): 90-102.

[50] Low M, Abrahamson E. Movements, Bandwagons and Clones. Industry Evolution and the Entrepreneurial Process [J]. Journal of Business Venturing, 1997 (12): 435-457.

[51] Negassi S. R&D co-operation and innovation a microeconometric study on French firms [J]. Research Policy, 2004, 33 (3): 365-384.

[52] Nickell S, Nicolitsas D, Dryden N. What makes firms perform well [J]. European Economic Review, 1996, 41: 783-796.

[53] Nicolas B, Alexis V. The Effects of Regional R&D Subsidies on Innovative SME: Evidence from Aquitaine SMEs [R]. Groupe de Recherche en Economie Théorique et Appliquée, 2015.

[54] Perez-Sebastian F. Market failure, government inefficiency, and optimal R&D policy [J]. Economics Letters, 2015, 128: 43-47.

[55] Romer. Endogenous Technological Change [J]. Journal of Political Economy, 1990, 98: 71-102.

[56] Schumpeter J. Capitalism, Socialism and Democracy [M]. New York: Harper and Row, 1942.

[57] Scott J T. Firm versus industry variability in R&D intensity [A]. Griliches Z. R&D, Patents and Productivity [C]. Chicago: University of Chicago Press, 1984.

[58] Streicher G, Schibany A, Gretzmacher N. Input Additionality Effects of R&D Subsidies in Austria: Empirical Evidence from Firm-level Panel Data [M]. Österr. Inst. für Wirtschaftsforschung, 2004.

[59] Sun Q, Tong J, Tong W H S. How does government ownership affect firm performance? Evidence from China's privatization experience [J]. Journal of Business Finance & Accounting, 2002, 29: 1-27.

[60] Tassey. Policy Issues for R&D Investment in a Knowledge based Economy [J]. Journal of Technology Transfer, 2004, 29, 153-185.

[61] Thakor R T, Lo A W. Competition and R&D Financing Decisions: Theory and Evidence from the Biopharmaceutical Industry [R]. National Bureau of Economic Research, 2015.

[62] Van Tongeren F W. Microsimulation of corporate response to investment subsidies [J]. Journal of Policy Modeling, 1998, 20 (1): 55-75.

[63] Wong B. Understanding stakeholder values as a means of dealing with stakeholder conflicts [J]. Software Quality Journal, 2005, 13 (4): 429-445.

[64] Yang Lei, Maskus Keith E. Intellectual Property Rights, Technology Transfer and Exports in Developing Countries [J]. Journal of Development Economics, 2009, 90: 231-236.

[65] Young A. The razor's edge: Distortions and incremental reform in the People's Republic of China [R]. National Bureau of Economic Research, 2000.

[66] Zahra S A, Neubaum D O and Huse M. Entrepreneurship in mediumsize companies: exploring the effects of ownership and governance systems [J]. Journal of Management, 2000, 26 (5): 947-976.

[67] Zhao Y. Earnings differentials between state and non-state enterprises in urban China [J]. Pacific Economic Review, 2002, 7: 181-197.

[68] 艾伯特·赫希曼. 经济发展战略 [M]. 北京: 经济科学出版社, 1991.

[69] 安同良，周绍东，皮建才．R&D 补贴对中国企业自主创新的激励效应 [J]. 经济研究，2009 (10)：87-98.

[70] 白俊红，江可申，等．应用随机前沿模型评测中国区域研发创新效率 [J]. 管理世界，2009 (10)：51-61.

[71] 白重恩，刘俏，等．中国上市公司治理结构的实证研究 [J]. 经济研究，2005 (2)：81-91.

[72] 毕克新，孙金花．基于模糊积分的区域中小企业技术创新测度与评价 [J]. 系统工程理论与实践，2005 (2)：40-61.

[73] 蔡地，黄建山，等．民营企业的政治关联与技术创新 [J]. 经济评论，2014 (2)：65-76.

[74] 陈剑平，盛亚．基于利益相关者视角的创新政策研究：规范、描述与工具 [J]. 科技进步与对策，2014，18 (9)：125-130.

[75] 陈剑平．创新政策与利益相关者创新资源投入的关系研究 [D]. 杭州：浙江工商大学，2014.

[76] 陈昆玉．创新型企业的创新活动、股权结构与经营业绩——来自中国 A 股市场的经验证据 [J]. 宏观经济研究，2010 (4)：49-57.

[77] 陈林，朱卫平．创新、市场结构与行政进入壁垒——基于中国工业企业数据的熊彼特假说实证检验 [J]. 经济学 (季刊)，2011，02：653-674.

[78] 陈隆，张宗益，杨雪松．上市企业公司治理结构对技术创新的影响 [J]. 科学管理研究，2005 (9)：137-141.

[79] 陈仕华，李维安．公司治理的社会嵌入性：理论框架及嵌入机制 [J]. 中国工业经济，2011，06：99-108.

[80] 陈仕华，郑文全．公司治理理论的最新进展：一个新的分析框架 [J]. 管理世界，2010，02：156-166.

[81] 陈羽，李小平，白澎．市场结构如何影响 R&D 投入——基于中国制造业行业面板数据的实证分析 [J]. 南开经济研究，2007

（1）：135-145.

［82］陈志勇，陈思霞．制度环境、地方政府投资冲动与财政预算软约束［J］．经济研究，2014，03：76.

［83］陈宗胜，吴浙，等．中国经济体制市场化进程研究［M］．上海：上海人民出版社，1999.

［84］程聪，谢洪明，等．网络关系、内外部社会资本与技术创新关系研究［J］．科研管理，2013（11）：1-8.

［85］戴魁早，刘友金．市场化进程对创新效率的影响及行业差异［J］．财经研究，2013（5）：4-16.

［86］道格拉斯·诺斯，兰斯·戴维斯．制度变迁与美国经济增长［M］．上海：上海人民出版社，1993.

［87］道格拉斯·诺斯．制度、制度变迁与经济绩效［M］．上海：格致出版社、上海人民出版社，2008.

［88］邓练兵．中国创新政策变迁的历史逻辑［D］．武汉：华中科技大学，2013.

［89］邓路，谢志华，李思飞．民间金融、制度环境与地区经济增长［J］．管理世界，2014，03：31-40.

［90］樊纲，王小鲁．中国市场化指数——各地区市场化相对过程 2009 年度报告［M］．北京：经济科学出版社，2010.

［91］樊琦，韩民春．我国政府 R&D 投入、市场竞争与自主创新关系研究［J］．中国科技论坛，2011（3）：10-14.

［92］樊琦，韩民春．政府 R&D 补贴对国家及区域自主创新产出影响绩效研究——基于中国 28 个省域面板数据的实证分析［J］．管理工程学报，2011（3）：183-187.

［93］冯根福，韩冰，等．中国上市公司股权集中度变动的实证分析［J］．经济研究，2002（8）：12-18.

［94］冯根福，刘军虎，等．中国工业部门研发效率及其影响因素实证分析［J］．中国工业经济，2006（11）：46-51.

[95] 冯根福，温军．中国上市公司治理与企业技术创新关系的实证分析［J］．中国工业经济，2008（7）：91-101.

[96] 冯赫．关于战略性新兴产业发展的若干思考［J］．经济研究参考，2010（43）：62-68.

[97] 冯之浚．国家创新系统的理论与政策［M］．北京：经济科学出版社，1999.

[98] 冯宗宪，王青，等．政府投入、市场化程度与中国工业企业的技术创新效率［J］．数量经济技术经济研究，2011（4）：3-17.

[99] 傅家骥，姜彦福，雷家啸．技术创新：中国企业发展之路［M］．北京：企业管理出版社，1992.

[100] 傅家骥，仝允桓，等．技术创新学［M］．北京：清华大学出版社，1998.

[101] 高汉祥．公司治理与社会责任：被动回应还是主动嵌入［J］．会计研究，2012，04：58-64.

[102] 高艳慧，万迪昉，等．政府研发补贴具有信号传递作用吗？——基于我国高技术产业面板数据的分析［J］．科学学与科学技术管理，2012（1）：5-11.

[103] 耿强，江飞涛，傅坦．政策性补贴、产能过剩与中国的经济波动——引入产能利用率 RBC 模型的实证检验［J］．中国工业经济，2011（5）：27-36.

[104] 顾强，董瑞青．我国战略性新兴产业研究现状述评［J］．经济社会体制比较，2013（3）：229-236.

[105] 顾群，翟淑萍．融资约束、代理成本与企业创新效率［J］．经济与管理研究，2012（5）：73-80.

[106] 顾元媛，沈坤荣．地方政府行为与企业研发投入——基于中国省际面板数据的实证分析［J］．中国工业经济，2012（10）：77-88.

[107] 郭琪，贺灿飞，史进．空间集聚、市场结构对城市创业精神的

影响研究——基于2001—2007年中国制造业的数据［J］. 中国软科学，2014，05：107-117.

［108］郭晓丹，何文韬，肖兴志. 战略性新兴产业的财政补贴、额外行为与研发活动变动［J］. 法观经济研究，2011（11）：63-69.

［109］郭晓丹，宋维佳. 战略性新兴产业的进入时机选择：领军还是跟进［J］. 中国工业经济，2011（5）：119-128.

［110］韩少真，潘颖，张晓明. 公司治理水平与经营业绩——来自中国A股上市公司的经验证据［J］. 中国经济问题，2015，01：50-62.

［111］何韧，刘兵勇，王婧婧. 银企关系、制度环境与中小微企业信贷可得性［J］. 金融研究，2012，11：103-115.

［112］何玉润，林慧婷，王茂林. 产品市场竞争，高管激励与企业创新——基于中国上市公司的经验证据［J］. 财贸经济，2015（2）：125-135.

［113］贺青，葛翔宇. 政府投入、技术创新与经济增长的实证研究［J］. 统计与决策，2014（18）：128-130.

［114］赫永达，苏鹏，孙巍. 市场结构门槛下研发对行业绩效的影响——来自中国制造业的检验［J］. 科技进步与对策，2015，32（4）：46-50.

［115］纪晓丽. 市场化进程、法制环境与技术创新［J］. 科研管理，2011（5）：8-16.

［116］贾军，张卓. 中国高技术产业技术创新与能源效率协同发展实证研究［J］. 中国人口资源与环境，2013（2）：36-42.

［117］姜付秀，黄磊. 产品市场竞争、公司治理与代理成本［J］. 世界经济，2009（10）：46-59.

［118］姜晓婧. 战略性新兴产业创新政策的差异化研究——基于企业类型的视角［D］. 大连：东北财经大学，2013（6）.

［119］解维敏，唐清泉，陆姗姗. 政府R&D资助、企业R&D支出与

自主创新——来自中国上市公司的经验证据［J］. 金融研究，2009（6）：86-99.

［120］剧锦文. 公司治理理论的比较分析——兼析三个公司治理理论的异同［J］. 宏观经济研究，2008，06：19-27.

［121］赖婉英. 诺思制度变迁理论述评［J］. 经济研究导刊，2011（34）：14-17.

［122］李赶顺. 河北省战略性新兴产业发展的创新路径优化［J］. 河北大学学报（哲学社会科学版），2011（7）：44-48.

［123］李红锦，李胜会. 战略性新兴产业创新效率评价研究——LED产业的实证分析［J］. 中央财经大学学报，2013（4）：75-80.

［124］李金华. 中国战略性新兴产业发展的若干思辨［J］. 财经问题研究，2011（5）：3-10.

［125］李维安，徐业坤. 政治关联形式、制度环境与民营企业生产率［J］. 管理科学，2012，02：1-12.

［126］李习保. 区域创新环境对创新活动效率影响的实证研究［J］. 数量经济技术经济研究，2007（8）：13-24.

［127］李云鹤，李湛，唐松莲. 企业生命周期、公司治理与公司资本配置效率［J］. 南开管理评论，2011，03：110-121.

［128］廖中举，程华. 企业技术创新激励措施的影响因素及绩效研究［J］. 科研管理，2014（7）：60-66.

［129］刘慧龙，吴联生. 制度环境、所有权性质与企业实际税率［J］. 管理世界，2014，04：42.

［130］刘金石，王贵. 公司治理理论：异同探源、评介与比较［J］. 经济学动态，2011，05：80-85.

［131］刘楠，杜跃平. 政府补贴方式选择对企业研发创新的激励效应研究［J］. 科技进步与对策，2005（11）：18-19.

［132］刘云，杨湘浩. 中国地区大中型企业研发效率研究——基于贝叶斯随机前沿模型的实证分析［J］. 中南财经政法大学学报，

2013（6）：111-117.
［133］陆国庆，王舟，等．中国战略性新兴产业政府创新补贴的绩效研究［J］．经济研究，2014（7）：44-54.
［134］陆国庆．战略性新兴产业创新的绩效研究——基于中小板上市公司的实证分析［J］．南京大学学报（哲学·人文科学·社会科学），2011（4）：72-80.
［135］罗思平，于永达．技术转移、“海归”与企业技术创新——基于中国光伏产业的实证研究［J］．管理世界，2012（11）：124-132.
［136］马连福，曹春方．制度环境、地方政府干预、公司治理与 IPO 募集资金投向变更［J］．管理世界，2011，05：127-139.
［137］南开大学公司治理评价课题组，李维安．中国上市公司治理状况评价研究——来自 2008 年 1127 家上市公司的数据［J］．管理世界，2010，01：142-151.
［138］潘文轩．提升战略性新兴产业科技创新能力的财税政策研究［J］．南京工业大学学报（社会科学版），2012（12）：80-91.
［139］潘雄锋，刘凤朝．中国区域工业企业技术创新效率变动及其收敛性研究［J］．管理评论，2010（2）：59-64.
［140］谯薇，宋金兰．推动战略性新兴产业发展的创新政策研究［J］．经济体制改革，2014（3）：178−182.
［141］秦兴俊．机构投资者行为与公司治理：动机，方式与效果——一个研究综述［J］．云南财经大学学报，2015，3：013.
［142］任海云．公司治理对 R&D 投入与企业绩效关系调节效应研究［J］．管理科学，2011，05：37-47.
［143］任海云．股权结构与企业 R&D 投入关系的实证研究［J］．中国软科 学，2010（5）：126-135.
［144］邵敏，包群．政府补贴与企业生产率——基于我国工业企业的经验分析［J］．中国工业经济，2012（7）：70-82.

[145] 申俊喜．创新产学研合作视角下我国战略性新兴产业发展对策研究［J］．科学学与科学技术管理，2012，33（2）：37-43.

[146] 盛光华，张志远．补贴方式对创新模式选择影响的演化博弈研究［J］．管理科学学报，2015，9：004.

[147] 盛锁，杨建君，刘刃．市场结构与技术创新理论研究综述［J］．科学学与科学技术管理，2006，27（4）：92-97.

[148] 盛亚，陈剑平．区域创新政策中的利益相关者分析——基于京沪浙粤苏的量化研究［J］．科研管理，2013，34（6）：25-33.

[149] 盛亚，单航英，陶锐．基于利益相关者的企业创新管理模式：案例研究［J］．科学学研究，2007，25（01）：106-109.

[150] 盛亚，单航英．利益相关者与企业技术创新绩效关系：基于高度平衡型利益相关者的实证研究［J］．科研管理，2008，29（6）：30-35.

[151] 盛亚，陶锐．基于利益相关者的企业技术创新产权主体探讨［J］．科学学研究，2006，24（5）：804-807.

[152] 盛亚．企业技术创新管理：利益相关者方法［M］．上海：光明日报出版社，2009.

[153] 时现，陈骏，王睿．公司治理模式、治理水平与内部审计——来自亚太地区的调查证据［J］．会计研究，2011，11：83-88.

[154] 宋河发，万劲波，等．我国战略性新兴产业内涵特征、产业选择与发展政策研究［J］．科技发展，2011（1）：7-14.

[155] 苏冬蔚，林大庞．股权激励、盈余管理与公司治理［J］．经济研究，2010，11：88-100.

[156] 苏坤．金字塔内部结构、制度环境与公司资本结构［J］．管理科学，2012，05：10-21.

[157] 孙伍琴，王培．中国金融发展促进技术创新研究［J］．管理世界，2013（6）：172-174.

[158] 孙玉涛，李苗苗．企业技术创新能力培育的区域性因素——基

于战略性新兴产业上市公司的实证分析［J］. 科学学与科学技术管理，2013（8）：129-137.

［159］孙早，宋炜. 战略性新兴产业自主创新能力评测——以企业为主体的产业创新指标体系构建［J］. 经济管理，2012（8）：20-30.

［160］孙早，肖利平. 产业特征，公司治理与企业研发投入——来自中国战略性新兴产业 A 股上市公司的经验证据［J］. 经济管理，2015，8：007.

［161］孙兆斌. 股权集中、股权制衡与上市公司的技术效率［J］. 管理世界，2006（7）：115-123.

［162］汤业国. 中国中小上市公司治理与技术创新的关联性研究［D］. 济南：山东大学，2013.

［163］唐清泉，罗党论. 政府补贴动机及其效果的实证研究——来自中国上市公司的经验证据［J］. 金融研究，2007（06）：149-163.

［164］唐清泉，高亮，李懿东. 企业转型升级与研发投入的外部环境研究［J］. 当代经济管理，2011（6）：20-31.

［165］唐清泉，卢博科. 创新效率、行业间差异及其影响因素［J］. 中山大学学报（社会科学版），2009（6）：187-196.

［166］汪昌云，孙艳梅. 代理冲突、公司治理和上市公司财务欺诈的研究［J］. 管理世界，2010，07：130-143.

［167］汪晓梦. 区域性技术创新政策绩效评价的实证研究——基于相关性和灰色关联分析的视角［J］. 科研管理，2014（5）：38-43.

［168］王聪，宋慧英. 中国证券公司股权结构、市场结构与成本效率的实证研究［J］. 金融研究，2012，05：80-92.

［169］王冬. 制度经济学视角下的我国主要政策实施与产业整合的绩效研究［D］. 大连：东北财经大学，2012.

［170］王辉，张月友. 战略性新兴产业存在产能过剩吗？——以中国光伏产业为例［J］. 产业经济研究，2015，1：007.

[171] 王俊 . R&D 补贴对企业 R&D 投入及创新产出影响的实证研究 [J]. 科学学研究，2010 (9)：1368-1374.

[172] 王利政 . 我国战略性新兴产业发展模式分析 [J]. 中国科技论坛，2011 (1)：12-15.

[173] 王任飞 . 企业 R&D 支出的内部影响因素研究——基于中国电子信息百强企业之实证 [J]. 科学学研究，2005，23 (2)：225-231.

[174] 王瑞泽 . 制度变迁下的中国经济增长研究 [D]. 北京：首都经济贸易大学，2006.

[175] 王维，郑巧慧 . 金融环境、政府补贴与中小企业技术创新——基于中小板上市公司的实证研究 [J]. 科技进步与对策，2014 (12)：87-92.

[176] 王艺瑾 . 中国高新技术产业发展的制度经济学分析 [D]. 长春：吉林大学，2009.

[177] 王宇，刘志彪 . 补贴方式与均衡发展：战略性新兴产业成长与传统产业调整 [J]. 中国工业经济，2013 (8)：57-69.

[178] 王振涛，王利娜 . 诺斯制度变迁理论及其对中国改革的启示 [J]. 前沿，2007，01：45-47.

[179] 文芳 . 股权集中度、股权制衡与公司 R&D 投资 [J]. 南方经济，2008 (4)：41-52.

[180] 文婷，张生丛 . 价值链各环节市场结构对利润分布的影响——以晶体硅太阳能电池产业价值链为例 [J]. 中国工业经济，2009，05：150-160.

[181] 巫强，刘蓓 . 政府研发补贴方式对战略性新兴产业创新的影响机制研究 [J]. 产业经济研究，2014 (6)：41-49.

[182] 吴福象，王新新 . 行业集中度、规模差异与创新绩效——基于 GVC 模式下要素集聚对战略性新兴产业创新绩效影响的实证分析 [J]. 上海经济研究，2011 (7)：69-76.

［183］吴剑峰，杨震宁．政府补贴、两权分离与企业技术创新［J］．科研管理，2014（12）：54-61.

［184］吴忠涛，张丹．西安高新区战略性新兴产业创新能力评价研究［J］．统计与信息论坛，2014（11）：84-90.

［185］武建龙，王宏起．战略性新兴产业突破性技术创新路径研究——基于模块化视角［J］．科学学研究，2014，（4）：508-518.

［186］武瑞杰．区域战略性新兴产业的评价与选择［J］．科学管理研究，2012（4）：42-45.

［187］向晓梅．我国战略性海洋新兴产业发展模式及创新路径［J］．广东社会科学，2011（5）：35-40.

［188］肖洪钧，李苗苗，等．战略性新兴产业企业技术创新能力的影响因素研究——基于供应链企业间紧密关系的视角［J］．大连理工大学学报（社会科学版），2013（4）：8-12.

［189］肖兴志，王伊攀．不同补贴方式对战略性新兴产业竞争格局的影响［J］．产业经济评论，2013（12）：1-15.

［190］肖兴志，王伊攀．战略性新兴产业政府补贴是否用在了“刀刃”上——基于254家上市公司的数据［J］．经济管理，2014（4）：19-31.

［191］肖兴志，王伊攀．政府补贴与企业社会资本投资决策——来自战略性新兴产业的经验证据［J］．中国工业经济，2014（9）：148-160.

［192］肖兴志，谢理．中国战略性新兴产业创新效率的实证分析［J］．经济管理，2011（11）：26-35.

［193］肖兴志，等．发展战略、产业升级与战略性新兴产业选择［J］．财经问题研究，2010（8）：40-47.

［194］邢斐，张建华．我国创新支持政策：理论分析及其有效性检验［J］．当代经济科学，2009（7）：63-69.

[195] 熊斯婷．政府投资对企业技术创新投入驱动效应实证分析［J］．统计与决策，2015（17）：62-64.
[196] 熊勇清，李世才．战略性新兴产业与传统产业耦合发展的过程及作用机制探讨［J］．科学学与科学技术管理，2010，31（11）：84-86.
[197] 徐朝阳，周念利．市场结构内生变迁与产能过剩治理［J］．经济研究，2015，50（2）：75-87.
[198] 徐朝阳，周念利．市场结构内生变迁与产能过剩治理［J］．经济研究，2015，02：75-87.
[199] 徐莉萍，辛宇，等．股权集中度和股权制衡及其对公司经营绩效的影响［J］．经济研究，2006（1）：90-99.
[200] 许庆瑞．研究、发展与技术创新管理［M］．北京：高等教育出版社，2000.
[201] 许治，师萍．基于DEA方法的我国科技投入相对效率评价［J］．科学学研究，2005（8）：481-484.
[202] 杨晨，蔡芸．产业市场结构，创新形态与专利政策诱导因素配置的机理研究［J］．科学学与科学技术管理，2015，2：003.
[203] 杨典．公司治理与企业绩效——基于中国经验的社会学分析［J］．中国社会科学，2013，01：72-94.
[204] 杨光斌．诺斯制度变迁理论的贡献与问题［J］．华中师范大学学报（人文社会科学版），2007，03：30-37.
[205] 杨浩昌，李廉水，刘军．本土市场规模对技术创新能力的影响及其地区差异［J］．中国科技论坛，2015（1）：27-32.
[206] 杨红英，童露．论混合所有制改革下的国有企业公司治理［J］．宏观经济研究，2015（1）：42-51.
[207] 杨宏呈．基于突破性创新视角的战略性新兴产业发展研究［D］．武汉：华中科技大学，2013.
[208] 杨慧军，杨建君．股权集中度，经理人激励与技术创新选择

[J]. 科研管理，2015，36：48-55.

[209] 杨建军，盛锁．股权结构对企业技术创新投入影响的实证研究[J]. 科学学研究，2007，25（4）：787-792.

[210] 杨建君，王婷，刘林波．股权集中度与企业自主创新行为：基于行为动机视角[J]. 管理科学，2015，2：001.

[211] 杨兴全，吴昊旻，曾义．公司治理与现金持有竞争效应——基于资本投资中介效应的实证研究[J]. 中国工业经济，2015（1）：121-133.

[212] 杨洋，魏江，罗来军．谁在利用政府补贴进行创新？——所有制和要素市场扭曲的联合调节效应[J]. 管理世界，2015（1）：75-86.

[213] 易先忠，欧阳峣，傅晓岚．国内市场规模与出口产品结构多元化：制度环境的门槛效应[J]. 经济研究，2014，06：18-29.

[214] 殷红，肖龙阶．股权结构、负债与公司价值——基于战略性新兴产业上市公司的数据分析[J]. 中国管理科学，2012（11）：841-846.

[215] 游达明，朱桂菊．不同竞合模式下企业生态技术创新最优研发与补贴[J]. 中国工业经济，2014（8）：122-134.

[216] 于忠泊，田高良，齐保垒，张皓．媒体关注的公司治理机制——基于盈余管理视角的考察[J]. 管理世界，2011，09：127-140.

[217] 余明桂，回雅甫，潘红波．政治联系，寻租与地方政府财政补贴有效性[J]. 经济研究，2010，45（3）：65-77.

[218] 喻登科，涂国平，等．战略性新兴产业集群协同发展的路径与模式研究[J]. 科学学与科学技术管理，2012，33（4）：114-120.

[219] 岳书敬．中国区域研发效率差异及其影响因素——基于省级区域面板数据的经验研究[J]. 科研管理，2008（9）：173-179.

[220] 张鼎祖，刘爱东．制度环境、政府间竞争与地方审计机关效率——基于省际面板数据的空间计量分析［J］．会计研究，2015，03：87-93.

[221] 张东红，殷龙，仲健心．政府研发投入对企业研发投入的互补与替代效应研究［J］．科技进步与对策，2009，26（17）：4-8.

[222] 张红军．中国上市公司股权结构与公司绩效的理论及实证分析［J］．经济科学，2000（4）：34-44.

[223] 张洪辉．上市公司的财政补贴："雪中送炭"还是"锦上添花"？［J］．经济评论，2015（3）：134-146.

[224] 张敬文，谢翔，陈建．战略性新兴产业协同创新绩效实证分析及提升路径研究［J］．宏观经济研究，2015（7）：108-117.

[225] 张林．创新型企业绩效评价研究［D］．武汉：武汉理工大学，2012.

[226] 张涌．新制度经济学视角下产业集群形成及发展机理研究［D］．广州：暨南大学，2008.

[227] 张治河，潘晶晶，李鹏．战略性新兴产业创新能力评价，演化及规律探索［J］．科研管理，2015，36：1-12.

[228] 张宗和，彭昌奇．区域技术创新能力影响因素的实证分析——基于全国30个省市区的面板数据［J］．中国工业经济，2009（11）：35-44.

[229] 张宗益，陈龙．政府补贴对我国战略性新兴产业内部R&D投入影响的实证研究［J］．技术经济，2013（6）：15-20.

[230] 赵丰义，唐晓华．我国装备制造业技术创新路径的绩效演进——基于面板数据的实证分析［J］．产业经济评论，2012（6）：101-118.

[231] 赵晶，郭海．公司实际控制权、社会资本控制链与制度环境［J］．管理世界，2014，09：160-171.

[232] 赵兰，周亚利．产业政策与企业创新绩效——以战略性新兴产

业为例［J］. 国际商务财会，2014（2）：86-91.

［233］赵树宽，余海晴，等．基于 DEA 方法的吉林省高技术企业创新效率研究［J］. 科研管理，2013（2）：36-43.

［234］赵心刚．公司治理对研发投入绩效影响的研究［D］. 大连：大连理工大学，2012.

［235］赵旭峰，温军．董事会治理与企业技术创新：理论与实证［J］. 当代经济科学，2011（5）：110-128.

［236］赵岩，李四能，郑开焰．政治联系、过度投资与公司治理水平研究［J］. 宏观经济研究，2015，07：129-138.

［237］赵长轶，曾婷，等．产学研联盟推动我国战略性新兴产业技术创新的作用机制研究［J］. 四川大学学报，2013（3）：47-49.

［238］周晶，何锦义．战略性新兴产业统计标准研究［J］. 统计研究，2011（10）：4-8.

［239］周绍东．企业技术创新与政府补贴：一个博弈［J］. 产业经济评论，2008（9）：38-51.

［240］周绍东．战略性新兴产业技术创新研究综述［J］. 科技进步与对策，2012（8）：156-160.

［241］周中胜，何德旭，李正．制度环境与企业社会责任履行：来自中国上市公司的经验证据［J］. 中国软科学，2012，10：59-68.

［242］朱瑞博，陈元志，等．上海国资引领战略性新兴产业跃迁式升级的架构创新路径研究：以新能源汽车产业为例［J］. 上海行政学院学报，2012（7）：85-97.

［243］朱有为，徐康宁．中国高技术产业研发效率的实证研究［J］. 中国工业经济，2006（11）：38-45.

［244］邹彩芬，刘双，等．政府 R&D 补贴、企业技术创新及其创值能力研究［J］. 中国科技论坛，2014（5）：20-26.

［245］邹俊，徐传谌．国有资本支持战略性新兴产业发展——理论溯源与现实推进［J］. 经济与管理研究，2015，36（3）：80-87.

后　　记

各国政府普遍采用政府补贴政策纠正“市场失灵”，政府补贴成为引导企业技术创新的必要手段。中国政府为了促进企业技术创新，培育和发展战略性新兴产业，先后出台了一系列财政和金融政策，政府补贴已成为推动我国战略性新兴产业发展的重要动力。然而，在政府补贴规模不断放大的同时，我国战略性新兴产业的技术创新水平仍然较低，甚至一些地区和行业出现了低水平的重复建设、产能过剩等问题。因此，仅依靠加大政府补贴资金的投入来促进战略性新兴产业的技术创新是行不通的，必须有效地发挥政府补贴资金的引导作用。

政府补贴如何有效地发挥杠杆作用，引导企业技术创新成为重点关注的内容。通过对以往文献的梳理和归纳发现，对政府补贴的效果仍然没有形成一致的观点。另外，国内外的学者主要从公司治理、企业规模、市场需求、企业研发投入的类型、行业特征、政策效果的时间滞后等方面来研究影响政府补贴发挥杠杆作用的理论机理，分析政府补贴如何促进企业技术创新的理论框架依然缺失。

此外，各地区由于资源禀赋、经济状况、市场基础和创新能力等基础不同，战略性新兴产业的发展存在较大的区域性差异。再者，由于我国各产业的产业基础存在较大的差异，造成了各产业间发展极不平衡。另外，从党的十四届三中全会提出建立现代企业制度、完善法人治理结构以来，由于发展阶段和历史等原因，各企业的公司治理的水平存在较大不同。因此，研究政府补贴如何促进企业技术创新时也必须要考虑其差异性。

本书基于战略性新兴产业的微观数据研究了政府补贴与企业技术创新之间的关系，澄清了政府补贴对企业技术创新的杠杆作用，将宏观制度环境、中观市场结构及微观公司治理纳入同一框架下研究政府补贴与企业技术创新之间的关系，构建研究政府补贴如何促进企业技术创新的理论框架，较全面地反映了影响政府补贴发挥企业技术创新促进作用的关键性因素。

本书是在武汉大学博士生导师邹辉霞教授的指导下完成的。五年以前，承蒙恩师不弃，引领我进入武汉大学。对于已过而立之年的我来说，能够成为邹老师的学生，跟随邹老师学习做人、做事和做学问，实在是我人生的一大幸事。在我攻读博士学位期间，邹老师安排我参与其科研项目的撰写，并安排一些社会实践，使我的科研能力和实践能力得到了极大的锻炼和提高。本书之撰写，离不开邹老师孜孜不倦的指导、支持和鼓励。从选题至文献查阅，从研究设计至机理探撷，从纲路结构至文段细节，都倾注了邹老师的大量心血。没有邹老师的悉心指导，本书将难以如此顺利地完成。同时，在与老师相处的过程中，我在老师的身上看到了坚强的个人品质、严谨的治学态度和兢兢业业的工作态度，这也深深地教育了我。我将在以后的工作和学习中坚持以老师为榜样，用最认真的态度对待每一件事。

与此同时，武汉大学经济与管理学院技术经济及管理研究所的徐绪松教授、王学军教授等老师不仅在课程学习中给予我深刻的教诲，而且对本书的修改提出了宝贵的意见。另外，其他系所老师们开设的课程亦为我的研究提供了坚实的理论基础和技术支持。例如，李燕萍、寿志钢和刘林青老师合开的管理研究方法、刘伟老师的计量经济学等课程。正是在各位老师的指导和教诲下，我的知识结构得到了极大的丰富和完善。

此外，还要感谢武汉大学经济与管理学院的同窗好友叶云龙、王红建、刘锦、胡兵、任俊霖、熊小明等，感谢他们在学习和生活上对我的关照与包容。在此，特别感谢王红建，虽然他博学多才、满腹经纶、妙笔生花，但对我提出的问题都能耐心解答。感谢他对于本书选题所提出的真知灼见，也要感谢他在数据采集和数据分析上提供的莫大帮助。同专业的刘锦也有很高的学术造诣，在学术上也给予了我莫大的帮助。

感谢一直以来为我默默付出的爱人——陈英女士，她对我的理解、支持和鼓励是我求学路上最牢靠和最坚强的后盾。在本书稿完成期间她不仅要照顾小孩和老人，还要认真工作，从无抱怨。她生活节俭，为我们这个小家付出了她的青春，无怨无悔。

最后，我需要感谢我伟大的父母，正是他们的鞭策、鼓励与支持，我才能走到今天。父亲军人出身，对我要求一向严格。2010 年父亲瘫痪在床，在知道自己身体状况不好的时候，宁愿选择舍弃生命，也不愿我和母亲受苦。母亲出身农村，为了整个家宁愿奉献自己的全部，父亲病重期间独自照料，陪伴父亲在医院住了将近五年。

限于篇幅，还有许多曾经帮助过我的人未能一一致谢，谨表歉意！

吕晓军

2017 年 11 月